CHEFS-D'ŒUVRE

DE

L'ART ANTIQUE

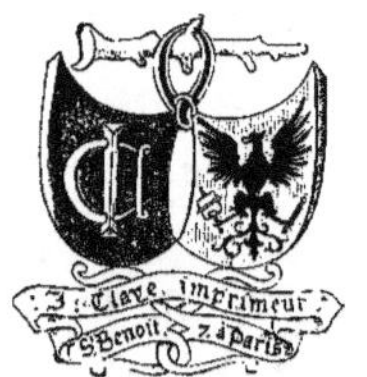

CHEFS-D'ŒUVRE

DE

L'ART ANTIQUE

ARCHITECTURE — PEINTURE

STATUES — BAS-RELIEFS — BRONZES — MOSAÏQUES — VASES

MÉDAILLES — CAMÉES — BIJOUX — MEUBLES, ETC.

Tirés principalement du Musée royal de Naples

DESSINÉS ET GRAVÉS PAR LES PRINCIPAUX ARTISTES ITALIENS

PREMIÈRE SÉRIE

MONUMENTS DE LA VIE DES ANCIENS

TEXTE PAR M. ROBIOU

Professeur de l'Université

TOME DEUXIÈME

PARIS

A. LÉVY, LIBRAIRE-ÉDITEUR

29, RUE DE SEINE, 29

1867

LIVRE PREMIER.

OBJETS DIVERS D'USAGE DOMESTIQUE.

CHAPITRE PREMIER.

USTENSILES DE CUISINE.

Les numéros impairs de la planche 1re de ce volume représentent le fond, & les numéros pairs le profil de vases en bronze que l'on croit avoir été destinés à mouler de la pâtisserie. Tous sont travaillés avec soin & même avec une certaine élégance ; mais le moule 1-2, seul pourvu d'anses, est aussi le seul qui présente un dessin d'imitation, celui d'une tête humaine.

La planche 2 ne contient non plus que des ustensiles de cuisine en bronze. Ce sont d'abord des écumoires (1, 2, 3, 5), dont les trous sont groupés en dessins variés & assez gracieux, surtout les trois premières, puis une cuiller à transvaser des liquides (4) & une cuiller à pot (τορύνη) (8-9). Peut-être faut-il, avec certains archéologues, reconnaître un filtre dans la figure 7, percée comme les écumoires, mais de forme aussi profonde que la cuiller dont les dessins 8-9 nous offrent divers aspects. Les ustensiles représentés sous les numéros 5 & 9 portent gravés sur le manche le nom du fabricant : victor fec(it.). On peut noter ici que Caton l'ancien (*De Re rustica*, 13), cité par l'éditeur italien, parlait déjà d'écumoires ou cuillers en bronze, *trullas* aheneas, mot qui provient évidemment de la même racine que le grec τορύνη.

Les deux objets, l'un de forme ronde, l'autre carré & pourvu d'un manche, qui figurent en tête de la planche 3, donnent encore, au premier aspect du dessin, l'idée de passoires à liquides ; mais M. Luigi Caterino (*Mus. Borb.*, V, 59 de la 1ʳᵉ édition) fait observer que, dans l'original, ces trous indiquent, par leur dimension, qu'on y plaçait des œufs, sans doute pour les faire cuire : le vase du n° 1 pouvait en recevoir jusqu'à 29 à la fois. Viennent ensuite un plat creux ou tourtière (3), un vase couvert, où l'anse adaptée au couvercle a la forme d'un dauphin (4), une hydrie de forme commune (6) & une casserole (5) : celle-ci n'est pas en bronze, mais en cuivre étamé par dedans. D'autres casseroles, à manche légèrement ciselé, se retrouvent sur la planche suivante, ainsi que deux poêles à frire (*sartagines*), où l'on remarque un bec pour en verser le beurre, l'huile ou la graisse. (Voyez pl. 3, n° 5 ; pl. 4, nᵒˢ 1-2, 8-9.)

Enfin, l'extérieur & la coupe d'un réchaud ou plutôt d'un petit fourneau en fer destiné à concentrer la chaleur sont dessinés au bas de la planche 3 (n° 7). Ces anses du corps & du couvercle de l'instrument sont formées par des figures, semblables entre elles, de femme en tunique talaire. L'extérieur & la coupe d'un fourneau (χυτρόπους, v. *Mus. Borb.*, IV, 59), de même espèce, se retrouvent deux planches plus loin : entre ces deux figures (2 & 4) on a dessiné (3) le vase (χαλκεῖον) qui doit y être placé.

Ici encore on a trouvé l'occasion d'introduire des formes artistiques dans un objet de l'usage le plus vulgaire : la porte du ventilateur (χενισκός) est munie d'une tête de serpent qui sert d'anse pour l'ouvrir ; la καπνοδόχη latérale, destinée au dégagement de la fumée & à la circulation de l'air comburant, est une tête béante d'animal ; enfin, c'est sur trois pieds de lion que repose le fourneau.

Sur la planche 4 se trouvent encore plusieurs vases, presque tous munis de leur couvercle. Le n° 6 est à anse mobile, comme nos

chaudrons, & sa destination ne peut avoir été différente. On le voit
ici placé sur un trépied, & l'on ne saurait guère le faire tenir autrement sur le feu, à moins qu'il ne fût suspendu. On peut en dire
autant des autres vases que je viens d'indiquer, surtout les nᵒˢ 4, 5
& 11. Ce sont donc de véritables chaudrons, *caccabi,* κακκαβαί, différents des *ahena,* en ce que ceux-ci étaient suspendus, tandis que
ceux que nous avons ici sous les yeux n'ont point (sauf le nᵒ 6 lui-
même) d'anses qui paraissent propres à cet usage. Différentes auto-
rités citées par M. Caterino (*Mus. Borb.,* V, 58) tendent en outre
à établir que l'*ahenum* servait plutôt à faire chauffer l'eau, & le
caccabus à faire cuire les ragoûts. Remarquons encore que l'un des
couvercles (4) est relié au chaudron par une chaînette, & que les
boucles de l'anse affectent, au nᵒ 6, la forme d'un serpent à deux
têtes.

CHAPITRE II.

LUMINAIRES.

La partie supérieure de la planche 5 représente un candélabre à deux branches, de forme assez gracieuse & terminé par deux petits plateaux destinés à recevoir des lampes, car ils ont trop peu de creux pour en servir eux-mêmes. La forme du pied du candélabre est celle d'une tige élancée & légèrement tortueuse. Au bas est figuré un rocher sur lequel est assis un Silène de forme humaine, sauf les rares touffes de poil qu'on aperçoit sur ses jambes & sur son corps; un court manteau est relevé sur son bras gauche, & sa main paraît presser le col d'une outre allongée. La tête d'un serpent se dresse à sa droite & rappelle que cet animal avait une place importante dans le culte mystérieux de Bacchus.

On a supposé que le fragment de bronze à volutes, représenté planche 8, a autrefois appartenu à un candélabre. Nous savons d'ailleurs, ne fût-ce que par la collection du musée Pie-Clémentin, que ce genre de meuble a été, chez les anciens, ciselé parfois avec le soin le plus délicat & les plus riches détails d'ornementation.

C'est encore un lampadaire (ou peut-être la partie inférieure d'un lampadaire) que M. Finati (*Mus. Borb.*, IX, 13) reconnaît dans le plateau en bronze dont nous trouvons, sur la planche 6, aux n⁰ˢ 1-3, l'intérieur, l'extérieur & le profil, & qui au centre est muni d'un petit anneau destiné à le suspendre. Le motif de décoration est ici purement végétal : ce sont cinq feuilles à nervures légèrement divergentes ayant chacune cinq pointes d'inégale longueur. Nous retrouverons bientôt (à la fin du chaptre IV) la mention d'un autre lampadaire que l'on croit avoir été combiné avec un appareil hydraulique.

CHAPITRE III.

MENUS OBJETS DE DÉCORATION

L'analogie nous permet d'assimiler à nos serre-papiers le lion de bronze, posé sur un petit plateau (pl. 7, n° 2), & le sphinx ailé & diadémé (*ibid.*, n° 1), à figure féminine, posant l'une de ses pattes sur une tête d'enfant qui paraît vomir de l'eau dans un bassin sur lequel est posé le sphinx. On sait que, dans la tradition hellénique, cet animal fabuleux est toujours nommé au féminin, tandis que les sphinx d'Égypte, dont la signification, quoi qu'on en ait dit, n'a rien de commun avec celle du monstre aux énigmes, sont des portraits de dieux ou de rois. Le petit socle sur lequel il repose pourrait faire attribuer une destination semblable à cet aigle au repos, tenant les ailes éployées & un foudre entre les serres, qui décore une sorte de demi-lune en bronze terminée aux deux extrémités par de petits bustes de femmes (pl. 8). Cependant M. Finati (*Mus. Borb.*, XI, 43) émet l'opinion que cet objet, trouvé dans les fouilles de Resina, était un hommage rendu à Jupiter & à sa famille, l'aigle rappelant le maître des dieux, le croissant la déesse Diane, & les deux têtes de femme qui portent, l'une le diadème, ou plutôt la stéphané, l'autre le casque, représentant Junon & Minerve; cette dernière conjecture au moins est réellement très-probable.

Tous ces objets, ciselés avec grand soin, nous montrent, à chaque instant, combien le goût des arts avait pénétré dans la société domestique des temps auxquels ils appartiennent; seule-

ment il faut reconnaître que, dans le dernier, l'agencement des
figures a quelque chose de bizarre & de forcé.

La poignée de meuble ou de porte dont on voit, sur la planche 9, la face, le profil général & celui de la pièce transversale, est
un nouvel exemple de la pénétration dans les usages de la vie privée d'un art laborieux & délicat. Au bas d'arabesques de feuillages,
est posée une tête de furie, aux cheveux entortillés de dragons,
au-dessous de laquelle deux petits dauphins mordent une sorte de
coquillage; les têtes de chèvre qui terminent à droite & à gauche la
seconde pièce, revêtue elle-même d'un feuillage élégant & simple,
sont d'un travail peut-être supérieur encore. D'autres poignées
ou anses (pl. 10), de ciselures variées & dont plusieurs se terminent
par des faces humaines en plein relief, ne sont pas moins élégantes;
mais la plus curieuse & la plus travaillée est celle qui est formée
d'une panthère debout sur une tête de Silène, sans doute en souvenir des bêtes féroces attelées au char de Bacchus. La boucle,
également en bronze, attenant à une barre transversale que décorent une tête de veau & deux serpents du même métal (pl. 8) semble à la première apparence un de ces anneaux mobiles dont nous
nous servons encore quelquefois & qui servent à frapper aux
portes extérieures des maisons. Cependant M. Finati (*Mus. Borb.*,
XI, 43), qui avait l'avantage de travailler en présence de l'original
& non d'un simple dessin, dit que c'était l'anse d'un vase, l'anneau
passant en dehors & la tête étant fixée par la barre transversale
à la paroi intérieure. Il croit de plus que c'est un bélier, consi-
dérant comme ses cornes ce que l'on pourrait prendre pour des
figures de serpents.

Bien que M. Finati le considère comme une poignée de coffre ou
d'armoire, croyant y reconnaître la place des gonds, on ne saurait
sans doute déterminer aujourd'hui avec quelque assurance l'usage
du faisceau de feuillage dentelé en bronze, terminé de chaque côté
par une tige courbée, d'où sort une petite tête d'animal, & que
nous voyons aussi sur la planche 8. Peut-être était-ce un de ces

mille objets recherchés dans les civilisations raffinées, comme celle de l'empire romain, & dont, au dire d'un spirituel & profond orateur, « personne ne saurait dire l'emploi, ni ceux qui les vendent, ni ceux qui les achètent, ni ceux qui les époussètent. » On peut en dire autant de la disgracieuse tête de griffon & de l'autre ornement en verre, trouvés à Pompéi (V. Bechi, *Mus. Borb.*, XI, 28), qui sont dessinés sur notre planche 11ᵉ, à gauche & en bas.

CHAPITRE IV.

BAINS, OBJETS APPARTENANT AUX BAINS, FONTAINES
DES MAISONS.

Personne n'ignore l'usage habituel, pour ne pas dire quotidien, que les Romains de l'empire faisaient du bain, non pas seulement les familles riches qui pouvaient en avoir chez elles l'établissement, plus compliqué que ne l'est celui des nôtres, mais le peuple même de la capitale, qui jouissait d'une multitude de bains publics, & sans doute aussi celui de toute ville tant soit peu importante. Là, en effet, le trésor municipal, sinon la fortune privée des riches citoyens aspirant aux fonctions électives, avait dû préparer à tous la jouissance gratuite de ce plaisir, ou plutôt la satisfaction de ce besoin de propreté, très-réel & très-fréquent sous un climat aussi chaud & pour des populations qui n'avaient pas l'usage du linge.

On pouvait prendre des bains froids dans un *baptisterium,* situé dans une cour à l'air libre, ou surmonté d'un toit léger; mais, en général, les oisifs & les gens adonnés aux recherches de la mollesse procédaient d'autre façon. Le nom seul de *thermes* (lieu chaud), donné chez les Romains aux bains publics, le fait entendre assez clairement. Après avoir déposé ses vêtements dans une première pièce, nommée, à cause de cela, *apodyterium,* on passait d'abord dans le *frigidarium* ou salle des bains froids à couvert; la cuve même s'appelait *labrum.* Après s'être ainsi rafraîchi, on prenait, dans le *tepidarium*, un bain d'eau tiède; on en a vu où les bassins étaient assez profonds & assez larges pour permettre d'y nager. Enfin on allait prendre un bain de vapeur dans le *sudatorium* ou *caldarium*, chauffé par un fourneau extérieur, & où se trouvait encore une cuve. On se faisait ensuite oindre d'huile & de parfums, épiler & masser par des garçons de bain ou par ses propres esclaves: l'huile & les essences furent quelquefois contenues dans des vases de forme presque sphérique, soit en corne de taureau ou même de rhinocéros, soit en métal, comme celle que nous voyons dessinée ici (pl. 4, n° 1), & suspendue au moyen de chaînettes à un grand anneau susceptible de s'ouvrir pour y enfiler non-seulement la boucle de ce petit lécythe, mais la patère dont les n°s 3 & 4 nous donnent le dessin et la section verticale, patère qui servait pour boire dans le bain quelque liqueur. On y suspendait de plus les *strigiles* que nous voyons représentés au même endroit & au n° 2. C'étaient des lames de métal courbes & creuses, au moyen desquelles était râclée sur le baigneur soit la sueur, soit plutôt l'huile & les essences dont il s'était couvert. (V. *Rome au siècle d'Auguste*, lettre XXI, & Finati, *Mus. Borb.*, VII. 16.) C'est dans un *tepidarium* qu'on a trouvé ce banc de bronze, d'un goût plus que douteux (pl. 13, n° 1), où des têtes de bœuf s'adaptent immédiatement aux jambes du même animal, pour former les pieds du meuble, & ce brasier (*ibid.*, n° 2), au flanc garni du relief d'une vache, mais dont les pieds sont formés par le buste d'un génie féminin, surmontant un pied de lion.

Sur la même feuille, on voit encore deux Atlas ou cariatides en terre cuite, qui servaient sans doute à décorer l'appartement.

Quelques planches plus haut (pl. 8, n° 3, A-B), on voit les deux aspects d'un robinet de fontaine, terminé par une tête d'animal. Une fontaine en marbre, que l'on trouvera plus loin (pl 49), a été restituée, telle qu'on la voit dessinée, par les conjectures ingénieuses de M. Nicolini, après qu'un autre archéologue, M. Santangelo, eut reconnu pour fragments d'une fontaine la colonne cannelée, les deux colombes, les deux canards & la grenouille qu'on avait trouvés, en 1832, dans l'*atrium* toscan d'une maison située en face de la célèbre maison du Faune. (Finati, *Mus. Borb.*, IX, 1.)

D'après la restitution proposée, il semble que ces petits animaux, posés sur le segment de sphère qui couvre une partie du bassin supérieur, devaient jeter de l'eau par la gueule ou le bec; dépassant le bord de ce bassin, l'eau tombe au bas de la fontaine. La disposition de l'appareil oblige à supposer que l'eau est contenue dans l'espace fermé sur lequel on voit la grenouille & l'oiseau, que l'intérieur en est à l'abri de toute communication directe avec l'air, & que la pression atmosphérique y fait continuellement monter par l'intérieur de la colonne, en vertu des lois de l'hydrostatique, l'eau venant d'un réservoir extérieur. On a pensé aussi que l'objet figuré à droite de la même planche, & décoré de cinq masques de satyres & de faunes, est un lampadaire à dix becs, qui s'adaptait à la fontaine pour produire un effet de décoration. Du reste, M. Finati fait observer que les fontaines étaient extrêmement nombreuses, tant à Pompéi qu'à Herculanum; il semble que presque chaque maison ait eu la sienne.

CHAPITRE V.

BALANCES, INSTRUMENTS DE PRÉCISION.

Les balances dont le dessin est publié dans la planche 15 sont de l'espèce qu'on appelle encore aujourd'hui des *romaines* & où le poids de l'objet se mesure par l'éloignement qu'il faut établir entre le point de suspension du fléau & un poids constant, mais mobile. Trois de celles qui sont figurées ici portent des crochets pour y suspendre l'objet à peser (probablement de la viande), les deux autres ont des plateaux figurés en *h* & en *g*. Sur le plateau *g* un Faune joue avec un bouc. La balance *f-h* a pour poids mobile un buste de Satyre; à la balance 1 & à la romaine de boucherie 3, ce sont des têtes de femmes, sculptées, cette dernière surtout, avec une grande délicatesse, de véritables objets d'art. Les divisions marquées en chiffres romains sur le fléau de chaque balance correspondent évidemment au nombre d'unités de poids que représente tel ou tel éloignement du poids mobile nécessaire pour que l'équilibre s'établisse. On remarquera que tous ces fléaux sont à charnière; en les ouvrant, les chiffres inscrits continuent la série.

Sur la planche suivante, on reconnaît aisément des compas & une règle à charnière. Nous savons d'ailleurs par les auteurs classiques, par des auteurs qui n'étaient pas mathématiciens de profession, comme Virgile et Plutarque, que l'usage du compas (*radius*, κέντρον) était connu des anciens. Le compas n° 3 est terminé en fer de lance pour tracer des lignes sur des matières dures, dit M. Javarone (*Mus. Borb.*, VI, 15), des pointes en aiguille pouvant se rompre trop

facilement. Au n° 2, cet auteur reconnaît un *compas de proportion :* le
compas du n° 5 a deux pointes recourbées, l'une fixe, l'autre mobile; &, dit encore M. Javarone, pour pivoter sur les surfaces
courbes convexes, on tournait en dedans la concavité de cette cour-
bure; on la tournait en dehors pour tracer des lignes sur une sur-
face concave (la branche fixe étant à l'intérieur), ce qui se conçoit
aisément. La règle qui représente un pied romain est divisée d'un
côté en 12 parties et de l'autre en 16. Quant aux figures qui se
trouvent à droite et à gauche de la planche, M. Javarone y voit,
avec toute apparence de raison, des fils à plomb, *perpendicula* (καθετοί).

CHAPITRE VI.

CALENDRIER.

Le calendrier publié dans la présente collection (pl. 17) est connu sous le nom de *Calendrier rustique Farnèse*. Il est gravé sur un prisme rectangulaire, trois mois sur chacune des faces latérales. Le tableau de chaque mois est surmonté de la figure zodiacale qui lui correspondait, janvier ayant le Capricorne & non le Verseau qu'on lui donne aujourd'hui, puisque, la précession des équinoxes étant d'un degré en soixante-treize ans, le point équinoxial se trouvait, au temps de l'empire romain, à vingt-cinq degrés environ de ce qu'il est aujourd'hui. D'autre part, on peut reconnaître, même avant tout examen du texte, qu'il n'est pas d'une époque beaucoup plus ancienne, puisque la série des douze signes est achevée & que la Balance même a remplacé les Serres, *Chelæ,* du Scorpion (V. les leçons de Letronne sur la formation du zodiaque).

Ce calendrier n'a point de division pour chacun des jours du mois; il est beaucoup moins riche en désignations de fêtes que d'autres calendriers romains ou italiens, connus par les inscriptions. L'objet principal de celui-ci est de désigner des opérations agricoles à exécuter aux divers moments de l'année; néanmoins les solennités religieuses n'y sont pas oubliées. On y indique aussi le nombre des jours de chaque mois, & ce nombre est le même qu'aujourd'hui; le texte est donc postérieur à la réforme julienne, & l'on y voit que celle-ci était acceptée même dans les campagnes. Une autre preuve encore (outre l'écriture & l'orthographe, outre les noms des mois Julius & Augustus) que ce calendrier n'est pas d'une époque ancienne, c'est qu'on y voit figurer des fêtes de dieux égyptiens, *Isidis Navigium* en mars, *Sacrum Phariæ* (*Isidis*), *Sarapia* en avril, parmi celles des dieux romains, qui d'ailleurs y sont en petit nombre.

Chaque mois a ici sa divinité protectrice. Junon pour janvier, Neptune pour février, Minerve pour mars, Vénus pour avril, Apollon pour mai, Mercure pour juin, Jupiter pour juillet, Cérès pour août, Vulcain pour septembre, Mars pour octobre, Diane (Deana) pour novembre & Vesta pour décembre. Sauf pour le mois d'avril, ces attributions ne rappellent guère celles qui sont habituellement données comme romaines, & le contraste est surtout frappant pour janvier, mars, mai, juin & décembre; mais nous savons, par Macrobe, que les calendriers latins variaient d'une ville à l'autre; les noms mêmes des mois n'y étaient pas uniformes, à plus forte raison leur répartition entre les divinités. On peut remarquer encore que ce calendrier *rustique* n'indique point en janvier la fête des *Sementalia*, & qu'on n'y retrouve en avril ni les fêtes de Cybèle & de Tellus, ni celles de Cérès & de Palès, ni les *Vinalia*, ni les *Robigalia*, qui figurent dans *Ovide*, au quatrième livre des *Fastes;* mais, ici comme dans *Ovide*, les *Parentalia*, les *Lupercalia* & les *Terminalia* appartiennent au mois de février. Les cérémonies en l'honneur de Mamurius se retrouvent aussi au mois de mars, Mercure & Flore sont fêtés en mai, Liber en octobre, & les Saturnales sont célébrées en décembre.

Chaque colonne porte aussi l'indication de la longueur (apparemment moyenne) du jour & de la nuit, calculées ou observées pour cette latitude; les différences extrêmes sont xv & ix heures. Le jour des Nones est indiqué pour chaque mois, savoir: le 7ᵉ pour mars, mai, juillet & octobre, & le 5ᵉ pour tous les autres, conformément à la coutume des Romains.

On sait, en effet, que, chez eux, après le jour des Calendes, qui était uniformément le 1ᵉʳ de chaque mois, on commençait à compter, en rétrogradant, les jours *avant les Nones,* savoir, pour les mois ordinaires, le 4ᵉ jour pour le 2, le 3ᵉ pour le 3, la veille pour le 4, puis le jour des Nones lui-même; on comptait, aux quatre mois réservés, le 6ᵉ avant les Nones pour le 2. Puis, après le 5 (ou le 7), on commençait à compter les jours avant les Ides, & les Ides se trouvaient toujours placées le 9ᵉ jour après les Nones qui tiraient de là leur nom; c'est-à-dire le 8ᵉ jour suivant notre manière de compter, puisque, à Rome comme en Judée, on faisait entrer en compte le jour même du point de départ. Nous avons, dans l'usage ordinaire, conservé trace de cette manière de parler, quand nous disons: huit jours ou quinze jours après, pour faire entendre le retour du même jour de la semaine. Après les Ides, on commençait à compter les *jours avant les Calendes* du mois suivant.

CHAPITRE VII.

TOILETTE DES FEMMES.

Les écrivains du temps de l'empire, surtout les moralistes & les satiriques, nous ont transmis de nombreux détails sur la toilette recherchée des Romaines, *mundus muliebris,* comme on disait, & assurément cette toilette était imitée dans les municipes & les provinces. Plus durables que l'objet qu'ils devaient orner, un certain nombre de ces bijoux sont aujourd'hui conservés dans les musées. Nous voyons, à la planche 18, deux bracelets d'or en hélice, terminés chacun par une tête & une queue de serpent; le corps de ces bracelets est uni; cependant l'un d'eux est, vers les extrémités, ciselé en écailles. Un autre bracelet, représentant un serpent qui enlace plusieurs fois son cou de l'extrémité de sa queue, est représenté plus loin sous deux aspects (pl. 19, n°s 1-2). Presque tous les bracelets trouvés à Pompéi ont une forme analogue: les Grecs donnaient à ces sortes de bijoux le nom d'ὄφεις, δράκοντες (serpents) (V. Bechi, *Mus. Borb.*, XII, 44, 1re édit.); on en voit un autre sur notre planche 20. Parfois les bracelets pesaient jusqu'à plusieurs livres (Dezobry, *Rome au siècle d'Auguste,* lettre xcix). On trouvera, sur les mêmes planches, d'autres colliers & une chaîne d'or destinée à la parure; au-dessus sont représentées une broche de toilette & une *bulla,* comme on en suspendait chez les Romains au cou des enfants des grandes familles. Les mêmes planches nous présentent encore les figures variées de ces pendants que les élégantes de Rome accumulaient par deux & trois à chaque oreille, au risque de la déformer (Dezobry, *ibid.*). Le plus riche de ces pendants d'oreille (pl. 19, n° 6) a un rubis au centre du petit écu d'où pendent le vase & les chaînettes.

Les nombreuses aiguilles de toilette en ivoire, entières ou brisées, que l'on trouvera plus loin, peuvent bien n'avoir pas toutes été placées dans la chevelure, comme le veut M. Avellino (*Mus. Borb.*, IX, 15). Ce pouvaient être aussi celles que les Romaines enfonçaient par humeur dans le corps de leurs esclaves ; d'autres encore peuvent avoir été celles qui servaient à tracer des lignes sur leurs paupières avec une pâte de suie ou de la teinture de safran (Dezobry, *ubi supra*), comme les petites boîtes de la même planche doivent avoir renfermé du fard ou des cosmétiques. La boîte n° 1, qui est en cristal, laisse encore voir à l'intérieur des restes de pâte rougeâtre. Les boîtes 2 & 3 sont en ivoire. Nous trouvons encore ici une boîte à épingles (pl. 24, n° 7), des étuis (*ibid.*, n° 9 ; pl. 25, n° 13), dont l'un est orné d'un bouquetin en plein relief, des agrafes en ivoire (pl. 24, n°ˢ 10-11), dont une est représentée sous quatre aspects (V. Avellino, *ubi supra*), des peignes en bronze (pl. 25, n°ˢ 7-8), des fragments de peignes en os noir (5, 6) & un cure-oreille (18) (*auriscalpium*). A ces échantillons italo-grecs de toilette féminine, joignons plusieurs miroirs de bronze (pl. 24, n°ˢ 1-6) de formes diverses, que j'indique ici pour n'avoir pas à y revenir quand je parlerai des miroirs étrusques. Il ne paraît pas que les anciens aient jamais, pour les miroirs, fait usage de verre, mais seulement de métal poli.

On pourrait encore joindre à ces objets de toilette, mais non exclusivement de toilette féminine, le vase à parfums, *unguentarium*, représenté sur la planche 32. On y voit, d'un côté, un groupe de deux personnages, dont l'un s'appuie sur une petite table, ou, selon l'éditeur italien, sur un bassin supporté par un pied ; de l'autre côté du vase, probablement, se trouvaient les deux musiciens que l'on voit au bas de la planche.

CHAPITRE VIII.

ANNEAUX ET CAMÉES.

L'anneau (*annulus*), qui, chez les Romains, paraît avoir été longtemps un sceau plutôt qu'une parure, devint un bijou des plus précieux, quand le luxe de la Grèce & de l'Orient eut pénétré parmi eux. Le signe correspondant à la signature fut gravé sur une pierre précieuse au lieu de l'être sur le métal, qui d'ailleurs fut souvent de l'or. Les Grecs avaient donné aux anneaux le nom de δακτύλιοι, dérivé de δάκτυλος, doigt, mais l'usage d'y adapter le sceau qui servait de signature leur fit donner chez les deux peuples le nom de σύμβολα, symboles. Porté d'abord au même doigt que chez nous, l'anneau servant de sceau fut, à l'époque de l'empire, porté au petit doigt, sans préjudice des bagues portées comme simple ornement aux divers doigts de la main & même aux différentes phalanges. Telles étaient les bagues en forme de serpents que nous trouvons sur la planche 20 (5-6). Le sceau était aussi parfois renfermé dans un meuble (V. Dezobry, lettre IX).

Nous avons, sur la planche 21, quelques anneaux, presque tous de forme simple, mais en général assez massifs; tous sont en or & ont été trouvés à Pompéi. Six d'entre eux ont auprès d'eux la figure soit du cachet qui servait à sceller les coffres ou les lettres, soit de la pierre gravée comme simple objet d'art qui s'y trouvait enchâssée. Le n° 10 est évidemment la face de l'anneau dont le n° 9 est un aspect différent; quant aux ciselures, les échelles tracées à côté d'elles & qui se rapportent à la dimension des anneaux, nous indiquent que la proportion en est agrandie pour en mieux distinguer les détails. Au n° 4 (bague d'enfant), la pierre est un rubis; la figure casquée & barbue paraît être celle du dieu Mars; aux n°ˢ 2, 6 & 8 sont des personnages nus ou presque nus; celui-ci, gravé sur onyx, est un athlète lançant le disque; le précédent porte le long sceptre & la patère; sur le cachet n° 2 est écrit le nom de la famille Cassia, à laquelle sans doute appartenait le propriétaire du bijou : le personnage, dit M. Quaranta, est dans l'attitude de l'Apollon lycien, & la pierre est une escarboucle. Enfin, au n° 13 (escarboucle), Hercule, reconnaissable à la peau de lion qu'il porte sur le bras & à la massue qu'il tient à la main, combat le dragon des Hespérides. Toutes ces pierres sont taillées en forme ovale.

Au n° 14, une cornaline représente une tête de jeune guerrier à cheveux bouclés que, pour ce détail & surtout parce qu'il porte la coiffure macédonienne, καυσία, & l'égide, M. Quaranta croit devoir désigner comme représentant Alexandre (*Mus. Borb.*, VII, 47). Il ajoute qu'une idée superstitieuse était encore, au IVᵉ siècle de notre ère, attachée à l'effigie de ce conquérant, & que cette pierre a pu servir d'amulette. Ce sont encore des camées, & non apparemment des pierres ayant appartenu à des bagues, qui figurent sur la planche 23. Tous quatre proviennent de la collection Farnèse, & tous sont en onyx oriental, excepté le n° 3 qui est en agate-onyx. Le premier représente Dédale achevant d'adapter aux bras d'Icare les ailes qui vont lui permettre de s'enfuir de la Crète. Il l'a placé sur un piédestal, afin qu'il puisse s'essayer au vol. A gauche du spectateur, la reine, vêtue de la tunique talaire, tient à la main le marteau de l'artiste; à droite est assis un jeune chasseur en bonnet phrygien. Au bas de la planche 2, un Satyre tient sur une épaule le petit Bacchus & sur le bras gauche une peau d'animal remplie de fruits. Le monceau de pierres sur lequel il est à moitié assis porte une flûte de Pan & un court bâton de berger. C'est encore un symbole bachique que nous offre le n° 3 : un jeune

Faune tenant un vase & un thyrse, avec une peau de bête féroce,
passée sur le bras gauche, paraît succomber à l'ivresse. Le camée 4,
brisé sur le côté droit, représente une femme qui élève un manteau au-dessus de sa tête. On voit ensuite un autre camée représentant Jupiter tenant le foudre & le sceptre, porté sur un quadrige
lancé au galop & renversant deux géants anguipèdes. L'un d'eux a
déjà succombé & n'a plus apparence de vie, quoique l'une des têtes
de serpent qui terminent ses jambes écaillées donne encore des
signes de fureur; l'autre géant essaye une résistance impuissante,
& ces deux serpents se dressent en sifflant contre les chevaux qui
les écrasent. Ce camée porte la signature de l'artiste, Athénion. La
partie inférieure de la planche représente Aphrodite avec un péplus
flottant, portée sur un petit char que traînent deux Zéphyrs. Éros,
sans ailes, est près de sa mère & la regarde avec tendresse; un
Amour, debout sur le timon, tient les rênes; les Zéphyrs sont ailés
comme lui, mais marchent sur le sol, où roule aussi le char & qui
porte un arbre, comme pour bien indiquer que la déesse a pris rési-
dence sur terre. Un autre petit Amour pousse la roue du char.

CHAPITRE IX.

COUPES.

Une patère sans poignée, de forme analogue à celle qui se voit souvent dans la main des dieux & des sacrificateurs, est représentée sur la planche 29, mais rien n'indique qu'elle ait eu jamais une destination religieuse & qu'elle ait été autre chose qu'une simple coupe à boire. Les patères des sacrifices paraissent toujours unies ; le fond de celle-ci est orné d'une tête de gorgone, conservant, malgré une expression sinistre, malgré sa chevelure hérissée & le collier de serpents qui s'enlace autour de son cou, un reste de la beauté quelquefois attribuée à ces monstres.

La coupe de sardoine qui occupe la planche suivante est formée d'une seule pièce, & a quatre doigts de profondeur. Elle est sculptée en dessous de manière à représenter aussi une tête de gorgone, dont on voit, sur le dessein de la coupe, le profil en raccourci & dont la représentation occupe la partie à droite de la planche. Ici les serpents ne se mêlent pas seulement à la chevelure de Méduse, dont les traits ont une expression de tristesse plutôt que de fureur ; ils forment, autour du relief, une sorte de guirlande ; mais la décoration de l'intérieur est bien plus compliquée, & il est difficile de s'en rendre compte.

Le lieu de la scène est assurément déterminé par le sphinx à coiffure égyptienne, qui se trouve sur le premier plan ; mais les costumes des personnages ne sont point égyptiens, &, malgré les

épis qui se dressent à leur gauche, malgré ceux que tient en main
la femme placée derrière le sphinx, on y reconnaît difficilement
l'image de la Déméter grecque, de la Cérès romaine, dont la coiffure serait différente, & qui, ce semble, ne serait point aussi jeune.

M. Bernard Quaranta s'est longuement étendu sur cette coupe,
dans la description du *Museo Borbonico* (XII, 47). Il rappelle d'abord
plusieurs opinions avancées par divers archéologues sur le sens de
cette représentation. Maffei croyait y voir l'apothéose de Ptolémée
Aulète & de sa famille; Bàrthélemy y reconnaissait Triptolème
instruit par Cérès, Bacchus, Antoine & Cléopâtre, ajoutant que les
personnages qui planent en l'air représentent des Vents; mais, sans
nier cette dernière remarque, on peut, avec Quaranta, faire observer que les traits bien connus du Triumvir & de la reine ne se
retrouvent point ici. Selon Ennius Quirinus Visconti, la figure qui
tient des épis, c'est Isis, la terre d'Égypte, appuyée sur le sphinx,
& par suite le personnage barbu est le Nil. Visconti croyait d'ailleurs reconnaître, dans la disposition de sa chevelure, une particularité ordinaire aux images de ce fleuve, &, dans sa posture, celle
qu'il a souvent sur les médailles alexandrines; la corne ou rhyton
qu'il tient à la main correspondrait à l'urne des fleuves grecs;
enfin les personnages qui volent en se tournant vers le vieillard
seraient les vents étésiens, qui, selon une opinion antique, pro-
voquaient la crue du Nil en s'opposant au cours de ses eaux.
Enfin le jeune homme debout serait Horus armé d'un glaive, prêt à
combattre Typhon & tenant en main une pièce d'une machine à
épuisement inventée en Égypte sous les successeurs d'Alexandre;
cet emblème serait celui du desséchement produit par le soleil, dont
Horus est le symbole. Mais Quaranta nie avec raison toute ressemblance entre cette figure & Horus; il ne reconnaît pas davantage
entre ses mains la machine dont parlait Visconti, & fait remarquer
le sac que le jeune homme porte à son bras. Il propose en consé-
quence une explication très-différente.

La scène, dit-il, se passe en Égypte & à ciel ouvert (comme le

montrent le sphinx & les vents); la moisson est faite (??), les personnages sont au repos, l'objet que tient le jeune homme debout,
c'est le timon d'une charrue. Mais, ajoute-t-il, comme on ne voit
jamais de mythologie dans les représentations rurales des pierres
gravées, ce personnage n'est point un dieu, c'est Alexandre traçant
l'enceinte de la ville qui portera son nom; le sac représente la ·
farine répandue sur le tracé; le couteau, c'est le soc de la charrue;
les traits sont ceux du conquérant, tels que nous les ont transmis
les récits de l'antiquité & les monuments de l'art. La moisson vient
de s'achever, & telle est, pour les Égyptiens, l'époque des semailles.

L'agencement de ces hypothèses est ingénieux, mais les
desiderata, pour ne rien dire de plus, y sont manifestes. D'abord
il est contre toute vérité que les semailles en Égypte coïncident
avec la clôture de la moisson: ces deux opérations sont séparées
par toute la longueur de l'inondation. Puis, si le camée désigné plus
haut représente Alexandre, il est difficile de le reconnaître ici.
Enfin la conclusion tirée de l'absence habituelle de mythologie dans
les scènes rurales des pierres gravées est bien téméraire. Il n'y a
pas de loi impérative à cet égard, & ici même l'auteur la mécon-
naît par une représentation mythologique des vents. Disons plutôt,
sans scruter des détails insaisissables, que des divinités gréco-égyp-
tiennes librement conçues dans leurs attributs, accommodées au goût
hellénique par le ciseau d'un artiste grec à une époque de syncrétisme, représentent la protection donnée à la fertilité de la terre
par des êtres surnaturels, & que l'Égypte est choisie ici pour
théâtre de leur apparition, comme étant la terre fertile par excellence.

Le fragment, orné d'une tête barbue de Silène & de branchages (pl. 11), appartient à une pièce de verre d'une certaine
épaisseur. Il faisait partie d'une patère dont on a aussi retrouvé le
manche, & ces deux fragments ont permis à M. Bechi d'en resti-
tuer le dessin (*Mus. Borb.,* XII, 29, notre pl. 12). Le vase lui-même

est d'un beau bleu transparent comme le plus pur saphir, dit cet antiquaire; les reliefs qui le décorent sont aussi en verre, mais d'un blanc opaque qui ressemble à de l'onyx; le relief en est très-bas. Pline, ajoute-t-il, nous assure que l'on était parvenu à ciseler le verre comme de l'argent, mais nous n'avons aucune indication sur les moyens employés pour cela par l'antiquité. D'ailleurs la ciselure a été faite ici après l'achèvement du vase lui-même, puisqu'on y voit la trace du travail au tour, ce qui eût été impossible si le relief eût existé. Au temps de Pline, Rome ne tirait ni le verre ni le sable vitrifiable de la Phénicie, qui en avait eu le monopole pendant des siècles. On avait trouvé sur le rivage de Campanie, auprès de l'embouchure du Vulturne, un sable reconnu propre à cet usage, qu'on liquéfiait à la fournaise avec un mélange de 3/4 de nitre & dont une seconde cuisson faisait du verre. Le verre atteignit la pureté du cristal de roche, & des coupes de cette substance furent payées un prix énorme. Des vases en verre de formes diverses sont reproduits sur notre planche 62.

CHAPITRE X.

ÉQUIPEMENT MILITAIRE.

Les pièces d'armure dont le dessin figure ici ne correspondent pas toujours très-bien à la description, donnée par l'histoire & l'archéologie, de celles que portaient les légionnaires de Rome. Ce sont probablement, en partie du moins, des armes de luxe & de fantaisie. Cependant il n'est pas sans intérêt d'en noter la comparaison avec ce que nous savons sur l'équipement des soldats grecs ou romains, puisque les objets réunis ici doivent tous provenir de l'Italie grecque.

Casques. — La planche 33 est formée tout entière par deux aspects & divers détails d'un casque à cimier & à visière, sans crinière, mais portant encore sur le côté gauche l'appendice où devait être fixée une aigrette. Il est question de cet ornement dans Homère ; mais, pour les Romains, nous savons qu'ils préféraient les plumes, & qu'ils en fixaient plusieurs sur le casque de bronze des légionnaires (Polybe, vi, 23) ; celui des vélites était sans crinière & d'une forme plus simple, tel peut-être que nous le voyons sur la planche 36. C'est, dit M. Quaranta (*Mus. Borb.*, IV, 44), une κατάιτυξ, ou casque sans crête ni cimier, avec deux παράγναθοι, en latin *bucculæ*, couvrant les joues. Le casque semblable, mais dont le παράγναθος a la forme d'une tête de bélier (pl. 25, n° 2), a été trouvé à Locri.

Quelquefois cependant le casque du vélite était garni d'une peau de loup (Polybe, vi, 22). Le casque était d'ailleurs porté en Grèce & par l'hoplite & par le peltaste ; celui-ci en avait un plus léger

(V. Penguily, *Rev. archéol.*, mars 1862). Quant aux casques romains qui ont été retrouvés & qui sans doute sont bien postérieurs au temps de Polybe, ils sont en fer ou en cuir, maintenus par des armatures de métal; tous portaient des jugulaires : sur les bas-reliefs de la colonne antonine, le prétorien porte un casque à cimier, plus riche que le cimier ordinaire; sur l'arc de triomphe de Septime Sévère, le casque du légionnaire est aussi porté par le cavalier (*Id., ibid.*, mai 1862). Quant à celui de la planche 33, malgré la tête de gorgone ailée qui en garnit la partie antérieure & le légionnaire en pied qui couvre le devant du cimier, il s'en faut que l'ornementation en soit purement grecque & romaine; les monstres qu'il portait sur les côtés du cimier, & dont le détail se trouve au-dessus de la gorgone & du soldat, appartiennent plutôt à l'art asiatique & nous reporteraient nécessairement à l'époque où les religions de l'Orient firent invasion dans le monde romain, si l'on ne pouvait aussi en attribuer les premiers modèles à l'art primitif des Étrusques. Le jeune garçon jouant avec une chèvre & l'hommage rendu à deux divinités rustiques se trouvent ciselés sur les pièces de métal destinées à couvrir la mâchoire; le buste d'Hercule & celui de Mercure (?), sur les parois intérieure & extérieure de celle qui couvrait la gorge.

C'est le champ tout entier d'un casque de bronze qui, sur la planche suivante, se trouve couvert de sculptures en haut relief, tandis que le cimier n'en a point. Une scène unique, partie militaire, partie mythologique, en garnit le pourtour. On y voit des victoires ailées mettant la dernière main à des trophées; deux enseignes sont présentées par des soldats à genoux au général victorieux, qui paraît être un prince d'Orient; & deux prisonniers, les mains liées, semblent attendre la mort. Un Hermès, des masques, divers attributs bachiques, un autre bas-relief aujourd'hui brisé en partie, mais qui représentait évidemment une déesse armée de l'arc & de la lance, combattant un monstre anguipède, achevaient la décoration de ce casque. Comme le précédent, il porte, adaptée en dessous de la visière, une plaque percée de trous : le casque béotien, dit M. Penguily, ne laissait que les yeux à découvert.

CUIRASSES. — La cuirasse que nous voyons représentée, par devant & par derrière, sur la planche 36 (n°s 4 & 5) semble, au premier aspect, plutôt grecque que romaine. La cuirasse grecque, en effet, « s'ouvrait sur le côté en tournant sur des charnières, » dit M. Penguily, &, un peu plus haut, « nous n'en avons point rencontré (de dessins) où des écailles fussent indiquées » (*Rev. arch.*, mars 1862). Du reste, il fait observer, d'après Xénophon, que les cuirasses étaient portées non par les hoplites, mais par les cavaliers. Chez les Romains, Polybe dit positivement (VI, 23) que beaucoup de soldats portaient seulement sur la poitrine une plaque de bronze carrée, d'un empan dans tous les sens, & que ceux qui atteignaient une certaine fortune remplaçaient cette pièce d'armure par une cuirasse à mailles. Cependant, le soldat figuré sur le cimier de la planche 33 porte une cuirasse presque semblable à celle qui se trouve dessinée sur la planche 36, & les courroies plaquées qui font suite à la cuirasse sont une pièce de l'armure romaine ; d'ailleurs, les soldats de la colonne Trajane portent la cuirasse. On y voit, en général, le légionnaire revêtu d'un corselet muni de deux épaulières ; mais ce corselet est formé de lames agrafées par devant, s'ouvrant en charnière par derrière & cousues sur le vêtement. On a retrouvé aussi, sur un tombeau militaire, au bord du Rhin, une sculpture où un centurion porte un plastron de cuirasse formé d'un seul morceau & continué, d'une part sur les épaules, de l'autre sur les hanches, par des pièces de cuir (*Rev. arch.*, mai 1862). Il y a donc tout lieu de croire que, postérieurement à Polybe, la cuirasse romaine se rapprocha de la forme représentée ici, mais très-probablement sans lui ressembler de tout point. Nous n'avons point de cottes de mailles représentées sur nos planches, mais bien (pl. 35, n°s 9-10) la figure & le détail d'écailles en os agencées pour former des cuirasses nommées *squameæ* (Avellino, *Mus. Borb.*, V. 29). M. Penguily dit encore que, sur l'arc de

Septime Sévère, le cavalier porte « une cuirasse d'écailles ou à chaînes de métal; le prétorien, quoique à pied, porte la cotte d'armes du cavalier » (*Rev. arch., ubi supra*).

Boucliers. — Nous trouvons ensuite (pl. 37) différentes formes de boucliers. Deux d'entre eux ont un renflement de forme presque cylindrique servant à passer le bras : une statuette du musée de Naples représente un guerrier combattant avec un bouclier assujetti de cette façon. M. Quaranta (*Mus. Borb.*, IV, 29), qui signale ce fait, dit de plus que les tridents, le dauphin, le cancre & le gouvernail, ciselés sur cette arme, indiquent qu'elle appartenait à un soldat de marine, ainsi que le trident ajouté à la palme, à la couronne & à l'épée, sur le bouclier suspendu à une chaînette, qui devait être un bouclier votif. Cette conjecture est d'autant plus vraisemblable, pour des objets réunis dans un musée napolitain, que Misène était, sous l'empire, le lieu de stationnement d'une flotte de l'État : Pline l'ancien la commandait, quand il fut atteint par l'éruption du Vésuve. Les équipages, n'étant pas recrutés parmi les citoyens, avaient peut-être plus de variété dans leurs armures; car ce n'est ici ni la *parma,* ni le *scutum.* L'autre bouclier à renflement (2) porte des figures d'Hercule & de Génies; le n° 4, de forme complétement circulaire, peut bien être une *parma* de vélite. Polybe affirme (VI, 22), comme Tite-Live (XXXVIII, 21 — Cf. XXXI. 35), que telle en était la forme & qu'elle avait trois pieds de diamètre. Le *scutum,* oblong & convexe, qui couvrait les hastaires, princes & triaires, était large de deux pieds & demi, haut de quatre, & formé de deux planches collées ensemble (V. pl. 37, n° 5), recouvert de cuir en dehors & garni de fer seulement au centre, au haut & au bas du contour. (Pol., *ibid.*) Le bouclier de l'hoplite grec était garni de bronze (*Rev. arch.,* mars 1862). Enfin, nous voyons sur la planche précédente (n°ˢ 6 & 7) des jambières (κνημίδες, *ocreæ*), déjà mentionnées dans Homère.

Lances, Épées, Baudriers. — Sur la planche 36 sont

deux fers de lance; c'était l'arme de la cavalerie romaine (Pol.,
vi, 25); c'était aussi l'arme longue des princes & des triaires,
c'est-à-dire de la deuxième & de la troisième ligne des légionnaires à pied, tandis que les hastats (première ligne) portaient
deux *pila,* soit ronds, soit en forme de prisme carré, ayant quelquefois jusqu'à une palme d'épaisseur; la longueur du bois était de
trois coudées. Ils avaient, en outre, un javelot à crochet (Pol.,
vi, 23). La *hasta,* ou javelot des vélites, était moins longue que le
pilum, avec un fer d'un empan, très-mince & à pointe très-
allongée, en sorte qu'elle se faussait nécessairement dans l'armure
de l'ennemi & ne pouvait être renvoyée aux Romains (Pol. vi, 22;
— Tite-Live, xxvi, 4). L'épée espagnole à deux tranchants fut
adoptée par eux d'assez bonne heure; depuis Scipion, elle fut faite
en acier; les hastaires la portaient comme les princes & les triaires
(Pol. vi, 23; *Rev. arch.,* mai 1862). Les épées représentées sur la
même planche que les fers de lance paraissent différentes de celle
dont nous voyons le fourreau un peu plus haut (pl. 35, n° 3). Cependant, il faut se rappeler que, d'après M. Penguily (*Rev. arch.,*
mars 1862), l'épée des Grecs, dont on possède encore de nombreux
échantillons, avait une lame rétrécie au tiers de sa longueur &
légèrement renflée pour former la pointe, bien que le fourreau fût
de forme carrée, comme celui que nous voyons ici. Elle était portée
du côté gauche, & celle des Romains du côté droit. Les épées en
triangle allongé que nous voyons sur notre planche 36 étaient sans
doute ces épées de ceinture, *parazonia,* que portaient aussi les Grecs,
mais que nous voyons sur un *as* romain entre les dents d'un lion; il
paraît que l'épée des Romains avait les deux tranchants parallèles.
Le baudrier ou le ceinturon orné de médaillons & de rosaces,
représenté sur la première de ces deux planches, porte, comme on
voit, les images d'un Bacchus barbu, d'un Mercure diadémé avec
le pétasus sans ailes, & d'une femme couronnée de lierre, que l'on
doit, à son aspect souriant & au voisinage de Mercure, prendre
pour une initiée à la mystérieuse préparation de la vie future & de

l'entrée dans le royaume du Bacchus infernal, plutôt que pour une bacchante enivrée : cet objet provient des fouilles de Pompéi. Les agrafes dessinées sur la planche 38 sont en argent. Les deux parties de la figure 2 présentent une figure identique de part & d'autre, celle d'un guerrier agenouillé devant un trophée, & de plus deux symboles mythologiques qui évidemment se correspondent : 1° le soleil sur un quadrige, avec la chevelure abondante d'Apollon & la tête radiée; il est pourtant à remarquer que son costume est celui d'une femme; 2° Artémis-Phosphoros sur un bige, diadémée, portant le croissant & tenant le flambeau; le champ de l'écu est parsemé d'étoiles. Selon M. Finati (*Mus. Borb.*, VII, 48), la pièce carrée devait couvrir une extrémité du ceinturon à laquelle elle s'adaptait par quatre clous; le disque, réuni à l'autre partie par une charnière, y rattachait l'autre extrémité. La plaque n° 1 porte aussi des ouvertures pour de petits clous; les figures y sont incuses : l'une représente un guerrier couronné par une Victoire, l'autre le sujet éminemment grec de la dispute entre Athéné & Poseidon, au sujet d'Athènes.

Harnais. — Enfin, la planche suivante porte des dessins de mors, de chaînettes & autres pièces de métal pour le harnachement des chevaux. Les plaques, destinées sans doute à garnir les côtés de la tête de l'animal, représentent des danses de vendangeurs.

LIVRE DEUXIÈME.

CHAPITRE PREMIER.

MIROIRS ÉTRUSQUES.

On donne le nom de miroirs étrusques à des miroirs métalliques, de forme circulaire, munis d'un pied soit ouvragé, soit uni, mais dont le disque est, au revers, décoré de figures gravées à la pointe & représentant, bien souvent du moins, des scènes mythologiques. Le style des personnages est généralement archaïque, bien que l'influence hellénique y soit sensible au premier coup d'œil, pour quiconque a jamais examiné les types de l'ancien art étrusque, formé par l'imitation des monstres de l'art asiatique. Le choix des sujets le témoigne mieux encore, bien que les inscriptions soient souvent tracées en caractères étrusques, & que les divinités y portent, en général, des noms empruntés au panthéon de l'Étrurie, noms qui presque tous diffèrent totalement de ceux des divinités correspondantes, soit en grec, soit en latin. Mais les scènes représentées appartiennent elles-mêmes à la mythologie grecque ; beaucoup même se rapportent au cycle héroïque, qui ne correspond à rien dans les vieilles religions de l'Italie, soit tyrrhénienne, soit latine. Dans ce cas, il a bien fallu emprunter aux poëtes grecs les noms des héros; on s'est borné à les défigurer pour leur donner une apparence étrusque : Hercle, pour Hercule; Pultuk, pour Pollux; Menlé, pour Ménélas, &c. Aussi peut-on, avec assurance, adopter la conjecture de M. Gerhard, que le type archaïque, le dessin grossier de ces figures, est une tradition, soit artistique, soit sacerdotale, plutôt que le résultat d'une véritable inexpérience, chez les artistes qui les ont gravées. Plusieurs de ces miroirs ont été trouvés dans ces boîtes cylindriques en bronze qui sont connues, en archéologie, sous le nom spécial de *cistes* & qui contiennent quelquefois différents objets de toilette.

Sur la planche 26 sont retracés deux miroirs. A droite sont deux guerriers debout & complétement armés; la guirlande de lierre, insigne dionysiaque, qui entoure ce dessin, permet de soupçonner dans cette armure une signification mystique; peut-être est-ce une scène d'initiation au grade de soldat dans les mystères perses de Mithra, confondus, au temps du syncrétisme, avec les mystères phrygiens de Bacchus Sabazius; d'autant plus que le plus jeune des deux personnages se tient dans une attitude pleine de déférence envers le plus âgé, dont les traits décèlent une grave préoccupation; il n'y a d'ailleurs ici aucune inscription.

Le miroir à gauche est purement mythologique. Debout, vêtue d'une tunique & d'un riche péplus, tenant à la main une petite branche de myrte, Turan (Vénus), grave & même triste, se tourne vers Atunis (Adonis), assis & appuyé sur un bâton de berger ou plutôt de voyageur. Une figure ailée, Lasa Sitmisa, vêtue aussi du péplus, semble apporter à la déesse l'ordre fatal de laisser partir Adonis pour le voyage qu'il doit accomplir chaque année dans l'autre monde. Au fond est suspendue une ciste en treillis.

La planche 27 est occupée par des miroirs plus connus des archéologues. A gauche, on voit Tinia (c'était le nom de Jupiter en Étrurie) tenant le sceptre de la main droite & un foudre ailé de la main gauche. Thalna, la Junon Étrusque, considérée comme déesse de la naissance, la Junon-Lucine des Romains, se tient devant lui, richement vêtue, la tête ornée d'une *stéphané* & prend dans ses bras le jeune Bacchus, sortant de la cuisse de Jupiter, où il fut recueilli à la mort de Sémélé, sa mère. A gauche, Aplun (Apollon) tient une tige d'olivier; une biche l'accompagne, comme dieu chasseur & comme frère de Diane. Méan, déesse du destin, ailée & couronnée de la stéphané, tient dans ses mains le style & l'écritoire que ces sortes de divinités portent fréquemment sur les miroirs étrusques & se prépare à retracer les gestes merveilleux du jeune dieu, qui est réellement le personnage principal de cette représentation. Si l'on en doutait, il suffirait de considérer l'emblème bachique du tonneau, placé derrière Méan, & la tête barbue, aux crins hérissés, dévorant un serpent, qui figure une scène d'initiation aux rites orgiastiques. Le second miroir représente Turan réconciliant Menlé (Ménélas) avec Élina (Hélène), après la ruine de Troie. L'air modeste de la déesse semble exprimer qu'il s'agit de renouvellement d'un lien légitime. Une guirlande de lierre entoure le miroir comme pour faire entendre que Bacchus est un des dieux qui préside à la fécondité du mariage.

Les deux derniers miroirs se rapportent à la fable d'Hercule. L'un représente Hercule imberbe, le pied sur un vase (Hercule Bibax) & en colloque avec Mercure; sur l'autre, il enlève de terre, afin de pouvoir le vaincre, son adversaire Antée, qui reprenait de nouvelles forces à chaque fois qu'il la touchait (Cf. Quaranta, *Mus. Borb.*, XII, 43).

CHAPITRE II.

VASES PEINTS.

Les vases peints sont, sinon les plus précieux, du moins les plus abondants parmi les objets d'étude de l'archéologie : c'est par dizaines de milliers que le sol de l'Italie nous a fourni ces fragiles monuments, découverts pour la plupart, sinon en totalité, dans les monuments funéraires, soit de l'Étrurie, soit de la Grande-Grèce, soit de la Grèce proprement dite. Un certain nombre sont de fabrication & d'origine véritablement étrusques, & pouvaient, en ce qui les concerne, justifier la dénomination générale de *vases étrusques,* qui a été donnée pendant quelque temps à ces monuments ; mais, après des controverses désormais épuisées, la question a été tranchée, depuis bien des années déjà, par la découverte de vases très-nombreux, dont les figures & les inscriptions ne laissent place à aucun doute : il est unanimement reconnu qu'une très-grande partie de ces monuments sont l'œuvre d'artistes grecs ou de leurs élèves, d'écoles grecques, en un mot, formées dans la Grèce, dans la Campanie, dans l'Apulie, dans le Brutium & la Lucanie, en Sicile, & dans l'Étrurie elle-même. L'honneur d'avoir fixé l'opinion à cet égard appartient spécialement, pour l'Allemagne, à MM. Gerhard & Welcker ; pour la France, à MM. le duc de Luynes & Charles Lenormant.

Les représentations mystiques & funéraires y sont nombreuses, comme on doit le penser d'après l'emploi qu'avaient fait les anciens des vases qui nous sont parvenus, puisqu'ils ont été conservés dans des sépultures. Cependant ni les vases de Vulci, ni les plus beaux parmi ceux de Nola ne sont à sujets mystiques. En Étrurie, le centre principal d'où sont provenus les vases de style antique & vraiment national, c'est Chiusi, l'ancien Clusium, entre le lac Trasimène & celui de Vulsinies. Vulci ou Volci, au contraire, un peu au N.-O. de Tarquinies, est le point où ont été trouvés en grande abondance des vases manifestement helléniques & de la plus belle époque de l'art grec. Tous les sujets en sont grecs & empruntés soit au cycle héroïque, soit à la vie privée & spécialement aux scènes athlétiques. Un certain nombre ont des inscriptions grecques bien lisibles : plusieurs, à figures noires, sont désignés comme prix ou cadeaux à des vainqueurs des jeux publics; d'autres, à figures rouges, ont été donnés à des particuliers à l'occasion de quelque fête ou mariage. Ceux qui sont en style archaïque paraissent provenir d'imitations. Du reste, Chiusi a fourni aussi des monuments céramographiques à sujets grecs, &, bien plus au nord, à Volaterres, on voit, sur les vases, des représentations homériques; quant aux vases vraiment étrusques, c'est-à-dire empreints de l'art asiatique, qui du reste se retrouve aussi quelquefois sur les vases très-antiques de la Grèce, il paraît qu'on les imita en Éturie, même postérieurement à l'introduction de l'art grec dans ce pays (V. Lenormant, introd. à l'étude des *Vases peints;* Gerh., *Bull. de l'Inst. arch., de Rome,* nov. 1831; Raoul Rochette, *Journ. des Sav.,* mars 1829, février & avril 1830). Les vases de Corneto (Tarquinies) & de Chiusi sont d'un dessin très-inférieur à ceux de Vulci; à Corneto, on a trouvé surtout des scènes athlétiques, &, dans la Grande-Grèce, des représentations relatives au culte de Bacchus. (Gerhard, *Bulletin de l'Inst. archéol. de Rome,* 1829, 1re livraison.) Quant à la Campanie, la fabrique la plus célèbre est celle de Nola, mais les autres cités campaniennes avaient leur style distinct. En Apulie, presque tous les vases ont été trouvés entre Bari & Canosa. (*Id.,* nov. 1829.)

VASE ÉTRUSQUE. — Le seul vase archaïque de la présente collection est celui de la planche 51, trouvé dans un tombeau. Il appartient manifestement à l'ancien art étrusque, c'est-à-dire au style asiatique, &, dès 1830, M. Quaranta en signalait l'analogie avec les monuments assyriens ou babyloniens & perses (*Mus. Borb.*, VI, 56, 1re édition): mais ceci n'est point une preuve absolue qu'il soit de fabrication très-ancienne. Il sera même difficile de ne pas soupçonner fortement dans ce dessin une influence hellénique, si l'on en compare les formes, quelque peu naturelles qu'elles soient, avec l'affreuse laideur qui, sur les monuments purement étrusques, distingue les figures soit humaines soit mythologiques. Quant au nom d'égyptiens, donné quelque temps à ces sortes de vases, il a fallu l'abandonner, depuis que l'art égyptien est si bien connu en Europe. Un personnage ailé, en costume oriental, tient par le cou deux oiseaux aquatiques; le champ du vase est semé de fleurs grossièrement représentées. Ce groupe se trouve, avec diverses variantes, sur un certain nombre de peintures étrusques. M. R. Rochette, en décrivant (*Journ. des Sav.*, 1834) les vases à fond noir qui sont provenus en grand nombre des fouilles de Chiusi & appartiennent à l'époque la plus ancienne des monuments étrusques, a reconnu, dans ce groupe, un des symboles de la lutte entre le bien & le mal, si souvent rappelée dans les mythologies orientales. M. Quaranta fait observer, à ce sujet, que le cygne était un symbole des êtres malfaisants, parce que, selon une opinion rapportée par Aristote, ces animaux se dévorent les uns les autres; & M. R. Rochette ajoute que le cygne était considéré, dans la science augurale de l'Étrurie, comme un oiseau de mauvais présage. La victoire de la déesse sur ces animaux, qu'elle a saisis, qu'elle étrangle peut-être & qui font, en battant des ailes, d'inutiles efforts pour lui échapper, est ainsi en parfait rapport avec la destination funéraire dé ce vase. Sans doute, le défunt était mis sous la protection d'un bon génie, victorieux des génies ennemis, & qui devait assurer son bonheur dans l'autre vie (Cf. Micali, *Storia degli ant. popoli*, tav. 65,

70, 104). M. Quaranta pense même qu'on supposait à de tels vases la vertu d'amulettes protectrices des défunts; il considère d'ailleurs cette déesse comme une Proserpine.

VASES FUNÉRAIRES APPARTENANT A L'ART GRÉCO-ITALIQUE. — Le vase de la planche 50 a été aussi trouvé dans un tombeau. Le motif principal de cette représentation est une femme, vêtue de la tunique talaire & du péplus, placée sous un édicule & s'appuyant sur un vase de même forme que le vase peint lui-même. Elle tient dans sa main droite un miroir, & sur un doigt de sa main gauche est posé un petit oiseau. La bandelette sculptée sur le champ du vase semble avertir le spectateur que c'est une scène mystique, & M. Quaranta l'admet (*Mus. Borb.*, VII, 43), bien qu'il reconnaisse dans cette pièce d'étoffe la forme des ceintures que portaient les jeunes Grecques. D'ailleurs, la feuille de lierre que l'on voit en haut, à gauche, est un symbole incontesté des rites bacchiques; & l'édicule lui-même est, selon l'archéologue italien, de ceux que les Grecs appelaient *heroa,* nom qui, à l'époque romaine, signifiait simplement un monument *funéraire,* indirectement consacré par conséquent au Bacchus des mystères, considéré comme dieu infernal. A droite & à gauche, des femmes, vêtues à peu près comme le personnage principal, lui apportent l'une un vase à parfums, l'autre un petit canthare, nouveau symbole dionysiaque; toutes deux tiennent à la main des couronnes dont l'une est manifestement tressée de myrte, autre symbole d'initiation.

C'est encore une scène d'offrandes funèbres que Quaranta reconnaît au revers du vase, où deux femmes apportent près d'une stèle des miroirs, un rameau & une cassette à parfums. Bien que le miroir soit essentiellement un objet de toilette & qu'on n'en ait point trouvé, dit-il, sur les monuments funéraires des hommes, il incline fortement à y voir un emblème de renaissance, à cause de la reproduction des images qui s'opère si rapidement sur eux.

L'art grec, si manifeste dans ces figures, se reconnaît avec plus d'évidence encore sur la planche 52. Je ne parle pas de la *kalpis,* signée d'un artiste de Cos, qui se trouve au haut de la feuille, & qu'on a trouvée, dit-on, dans une sépulture de Carthage ; non plus que de l'*oxybaphon* (vase à vinaigre & quelquefois à vin), dont les figures sont quelque peu roides de trait & d'attitude. Je parle du vase fait au tour & uni d'un côté, dont le sujet est représenté au-dessous. Un guerrier, d'attitude noble & gracieuse, est placé entre un vieillard & une Victoire ailée, qui lui présente une phiale & tient de l'autre main le vase (*œnochoé, præfericulum*) dont elle a versé la liqueur. L'éditeur italien, Avellino, a cru y voir Achille & Pélée (*Mus. Borb.,* IV, 5) ; mais on doit se souvenir qu'Achille, après ses exploits, n'a point revu son vieux père. De plus, le bouclier, tracé au compas après l'exécution du dessin & qui, par une bizarre anomalie, a empiété sur la figure voisine de manière à ne laisser voir la phiale & la main que comme à travers un verre, le bouclier, dis-je, porte un serpent barbu qui paraît avoir été par excellence le serpent dionysiaque, à en juger par les représentations nombreuses, sinon toujours bien correctes, qu'on en a faites sur les médailles cistophores d'Asie Mineure (si toutefois, sur ces dernières, la barbe apparente n'est pas un lambeau de chair). Le vieillard d'ailleurs porte une couronne de myrte, & le personnage ailé exclut l'idée d'une scène purement humaine & terrestre. Pourquoi donc ne verrait-on pas ici la représentation d'un héros accueilli dans l'autre monde par l'ombre de son père, d'un héros à qui l'initiation a promis les champs Élysées, & qui reçoit d'un être mythologique un breuvage mystérieux? C'est peut-être le *cycéon* de Déméter, que, sur d'autres vases, la déesse des mystères présente au jeune Triptolème dans une phiale toute semblable à celle-ci; on retrouve même, dans cette scène des monuments céramographiques, le détail de l'*œnochoé.* Avellino fait observer que, sur l'original de notre vase, il y a éraillement des contours, tracés à la pointe après la cuisson.

Le rameau tenu par l'un des deux personnages que nous voyons tracés sur l'oxybaphon de la planche 56 ne doit pas suffire, ce semble, à désigner une représentation mystique; mais il est difficile de la méconnaître dans la scène dessinée au-dessous. Là un vieux Silène, en costume oriental, comme pour rappeler l'origine du Dionysos infernal, du Bacchus des mystères, tient le thyrse orné de bandelettes à franges, & lui-même a la tête ceinte d'une semblable bandelette, que l'on voit une troisième fois figurée sur le champ du vase, enlacée dans une guirlande de lierre. Le Silène est de plus accompagné d'un serpent, animal qui était consacré au Bacchus phrygien, & qui, sur ce vase, se dresse comme ceux des médailles cistophores. Le Silène offre un oiseau (symbole de l'âme?) à un sphinx aux traits nobles & gracieux, au regard pensif, perché sur un rocher, peut-être en souvenir du sphinx d'Œdipe, mais sans rien de menaçant ni de farouche. Il représente sans doute ici le problème de l'autre vie, résolu par l'initiation aux mystères & spécialement à ceux de Bacchus, considérés comme une garantie pour la vie future. Plutarque revient sur cette pensée & dans sa consolation à son épouse & dans son grand traité contre l'épicurisme.

La destination funéraire du vase en terre cuite publié sur la planche 57 paraît indiquée par la couronne de myrte tenue par l'une des Ménades qu'on y voit représentées avec des Satyres dansants; l'autre Ménade, revêtue, comme la première, de la tunique & du péplus, tient à la main une peau d'animal. Cet appareil orgiastique rappelle d'ailleurs la confusion établie, surtout à l'époque gréco-romaine, entre le Bacchus des mystères & le dieu du vin. Les deux sujets tracés sur la partie supérieure du vase & reproduits sur une plus grande échelle n'en font réellement qu'un seul. Le casque, en forme de bonnet phrygien, & le pantalon (anaxyride) d'une partie des personnages annoncent des Asiatiques; l'un d'eux offre une bandelette à un homme assis, appuyé sur une sorte de massue. On y peut voir encore une allusion au culte du Bacchus phrygien; mais l'attribution funéraire du vase planche 58 me paraît bien mieux établie (indépendamment des lieux de provenance).

Là, en effet, ce ne sont pas seulement les bandelettes à franges, représentées sur la panse du vase, la couronne de myrte du guerrier porteur d'offrande & le tympanum de la femme qui font allusion à un culte mystérieux. Le principal personnage est assis d'un air triste, dans une attitude pensive, au pied d'une colonne funéraire, & deux têtes féminines colossales, l'une couronnée de myrte, l'autre aux cheveux abondants, s'élèvent du sein de la terre, représentant sans doute Vénus-Proserpine & la Terre elle-même, les déesses chthoniennes par excellence.

Le *chous* qui vient ensuite dans la présente collection n'est pas un des moins curieux parmi ces vases, mais l'explication en a paru jusqu'ici fort difficile. Il représente deux scènes selon moi tout à fait distinctes, sinon indépendantes l'une de l'autre. La couronne radiée & le *sceptre* du personnage féminin que nous voyons assis, dans la partie supérieure de la planche, & qui porte une riche parure, la gravité de ses traits, la majesté de son attitude, me paraissent représenter Junon; une patère lui est présentée par un personnage barbu, au riche manteau, tenant le sceptre antique, qui probablement est Jupiter lui-même, la patère n'étant pas rare dans les mains des divinités, sur les monuments anciens. De l'autre côté du *chous* est encore une femme assise: au sceptre & au collier près, son costume n'est pas moins royal, elle a aussi la couronne radiée; mais son attitude est moins fière. Elle s'appuie sur une stèle funèbre, enlacée d'une bandelette mystique. Avec un geste à peu près semblable à celui de Jupiter, une femme en tunique talaire lui présente, aussi de la main gauche, un lécythe à parfums. De l'autre main, elle tient une couronne du même feuillage que celle du dieu, & elle porte sur la tête une corbeille contenant des lécythes, des branchages & une longue bandelette, semblable à celle de la colonne. Le vieux serviteur qui s'en approche tient aussi à la main un petit rameau.

Ces symboles & le parallélisme des deux scènes paraissent destinés à figurer une sorte d'apothéose, surtout si l'on reconnaît

à sa couronne une impératrice dans la dame du second tableau, si
l'on remarque les étoiles brodées sur son péplus, & si l'on se rappelle l'assimilation des Augustes aux déesses, si fréquente sur
les monuments de l'art. La princesse est ici considérée comme
défunte, & des personnages vivants lui apportent des offrandes
funèbres ; mais je ne crois pas qu'aucun archéologue voie une
fin de non-recevoir dans ce mélange de personnages des deux
mondes.

Vient ensuite (pl. 60) un double sujet funéraire représenté sur
les deux flancs du vase qui est dessiné au haut de la planche. D'un
côté, deux voyageurs aux traits mélancoliques s'approchent d'une
stèle portant cette épitaphe, restituée & expliquée par M. Carelli
(V. Quaranta, *Mus. Borb.*, IX, 28) :

Νώτῳ [μὲν] μολάχην τε καὶ ἀσφόδελον πολύριζον,
    Κόλπῳ δ' Οἰδίποδαν Λαΐου υἱὸν ἔχω.

« Je porte au dehors la mauve & l'asphodèle aux nombreuses
racines ; je renferme dans mon sein Œdipe, fils de Laïus. »

Sur le revers, un homme & une femme se préparent à faire
des libations sur le tombeau ; l'un tient le rameau expiatoire, l'autre la bandelette sacrée, semblable à celle qui est peinte sur le
champ du vase, & la cassette aux parfums funéraires. Au lieu du
tombeau d'Œdipe, d'autres vases de cette nature représentent ceux
d'Agamemnon ou de Troïle (Quaranta, *ibid.*). L'auteur italien fait
observer, à ce sujet, que les vases renfermés dans les tombeaux
étaient quelquefois ceux que le défunt avait reçus soit le jour où
il avait été inscrit parmi les jeunes gens, soit en récompense d'un
exploit militaire ou d'une victoire gymnastique. Il n'est donc pas
surprenant d'y voir figurer des sujets appartenant à divers mythes
héroïques de la Grèce ; mais on conçoit que, parmi ces derniers,

les sujets lugubres étaient naturellement désignés au choix de la famille pour une destination funèbre.

La planche 61 contient d'abord un oxybaphon, trouvé en Basilicate, où un personnage ailé paraît jouer à la paume avec deux femmes : l'une tient une bandelette & un miroir auquel il est difficile de ne pas conserver ici le nom de mystique ; l'autre s'appuie sur une petite stèle à inscription grecque. Au-dessous est dessiné un vase à parfums, trouvé à Locri, à l'extrémité du Brutium, & représentant une joueuse de cithare.

Il y a peut-être une pensée relative aux mystères de Bacchus dans le sujet que nous voyons à la planche 53, tracé sur un oxyba-phon. Là, en effet, le dieu, placé entre un Silène & une Ménade, tient dans sa main, ainsi que cette femme, une de ces guirlandes que l'on retrouve, nous l'avons vu, dans les scènes funéraires ; à ses pieds est un oiseau. De plus, un vieillard portant un bonnet coni-que, une femme coiffée d'une espèce de casque & un personnage diadémé sortent, à mi-corps, comme du milieu des nuages. Mais le sujet que nous voyons représenté au-dessous, & qui est sur l'autre face du vase, appartient à la tradition commune & poétique : c'est Cadmus combattant le dragon avec l'assistance de Pallas. Au-des-sus, comme pour faire pendant aux figures supérieures du revers, le fleuve Ismenus, la fontaine Cranaé & la ville de Thèbes, tous trois représentés par des personnages richement vêtus & dont les deux premiers sont à demi cachés par la montagne, assistent à cette scène, qui aura pour résultat la fondation de la cité. Le vase est signé par un artiste grec.

Deux planches plus loin, un jeune homme portant le bâton de voyage est couronné par un vieillard derrière lequel est suspendue la bandelette des mystères, en présence d'un troisième personnage. J'incline à penser qu'il s'agit là d'un myste couronné par l'hiéro-phante, après le voyage de la vie, plutôt que d'un athlète ou bien de Thésée lui-même, comme l'a pensé M. Finati (*Mus. Borb.*, VIII. 13). Mais la scène peinte de l'autre côté de l'oxybaphon doit

réellement, comme il l'a pensé, représenter le héros athénien combattant le taureau de Marathon. Seulement, s'il n'est pas bien difficile de reconnaître Pallas dans la déesse qui se trouve à droite de
cette scène, je ne puis voir qu'un jeune écuyer de Thésée & non
Pirithoüs lui-même, l'ami dévoué du héros, dans cet adolescent
aux traits impassibles qui occupe le côté opposé.

LIVRE TROISIÈME.

SCULPTURES ET MOSAÏQUES.

CHAPITRE PREMIER.

Le bas-relief sculpté sur le flanc d'un sarcophage à la planche 63 offre les portraits en buste d'un homme & d'une femme, très-probablement deux époux, dont ce tombeau renfermait les corps. Des génies soutiennent une guirlande de fruits & de fleurs, image de la vie, qui doit se rapporter ici à la vie future, mais qui, dans tous les cas, rappelle combien la race grecque aimait à déguiser les idées funèbres sous les euphémismes de l'art comme sous ceux du langage. Le couvercle se rapporte plus directement, ce semble, aux scènes de l'autre monde, tel que le concevaient les anciens; là, en effet, des génies, ailés comme les premiers, dirigent à travers les eaux des monstres à queue de triton, à tête & à poitrail, les uns de panthère, les autres de cheval. Ils rappellent ainsi & les panthères de Bacchus & les hippocampes que la mythologie étrusque donnait quelquefois pour monture aux âmes, dans le voyage d'une vie à l'autre, comme elle leur donnait plus souvent un cheval.

Sur le second sarcophage (pl. 64), en marbre grec comme le précédent, on ne peut guère méconnaître un emblème d'immortalité dans les aigles porteurs de guirlandes de feuillage, que l'on y voit sculptés. Sur le flanc du monument, un berger danse d'un air joyeux, portant un chevreau sur son épaule; une femme joue d'une sorte de cymbale, &, entre ces deux représentations, un personnage, probablement le défunt lui-même, jeune encore & les traits empreints d'une douce gravité, en compagnie du jeune Bacchus & du vieux Silène, verse une libation sur la tête d'un chien, qui doit être Cerbère, quoique sa forme monstrueuse ait ici disparu, comme par suite d'un dessein arrêté d'écarter toute idée effrayante. L'intention de l'artiste a été sans doute ici de représenter un initié introduit dans le pays des ombres, par Bacchus-Pluton, le dieu des mystères.

CHAPITRE II.

MASQUES ET MASCARONS.

Les masques représentés sur la planche 41 devraient, ce semble, à cause de l'énorme ouverture de leur bouche, être rapportés aux masques de théâtre. On sait en effet que les acteurs avaient adopté l'usage de masques, que la dimension grossie & l'exagération de leurs traits permettaient de reconnaître de toutes les parties du théâtre, beaucoup plus vaste que les nôtres & où il était impossible à la plupart des spectateurs de distinguer le jeu des muscles. La bouche béante en forme de cornet était garnie de feuilles d'airain pour en augmenter la sonorité. (V. Dezobry, *Rome au siècle d'Auguste,* lettre cviii.) Mais les figures que nous avons sous les yeux sont en terre cuite; or M. Quaranta fait observer (*Mus. Borb.,* VII, 44) que ceux des acteurs étaient en papyrus, en étoffe, en cuir, souvent doublé de toile, nullement en matière si lourde. Il ajoute que ceux-ci ne peuvent non plus avoir été de ceux que parfois on moulait sur le cadavre, pour les enfermer ensuite dans son tombeau, puisqu'ils sont de dimension inférieure des deux tiers à la grandeur naturelle; ce sont donc plutôt, ajoute l'archéologue italien, des modèles pour les fabricants de masques de théâtre, sinon de simples montres de boutiques, peut-être même des sortes d'amulettes contre le *mauvais œil,* superstition très-connue dans l'antiquité, le porteur de ces figures espérant détourner, par leur aspect plus ou moins grotesque, l'attention du *jettatore* ou lui faire perdre son sérieux. Ceux des n°s 2, 3, 6 sont d'une laideur exceptionnelle, peut-être le n° 3 est-il une charge de la figure de Socrate.

Ceux de la planche suivante sont en marbre. Tous, excepté le n° 5, ont la prunelle forée comme la bouche (Cf. pl. 44 & 45). Aux torsades de leurs cheveux, on peut penser que les masques diadémés 1 & 3 représentent un roi & une reine d'Orient (Cf. pl. 46, n° 1); cependant les feuilles de lierre mêlées à la chevelure du masque féminin donnent plutôt l'idée d'une prêtresse de Bacchus. (V. aussi planche 48, 2.)

Le cadre que le dessinateur a joint aux masques de la planche 43 montre assez qu'il ne s'agit nullement ici de masques scéniques, mais de bas-reliefs employés peut-être comme ornements d'architecture, ce qu'on nomme des *mascarons* (V. aussi pl. 107). Deux de ceux-ci ont le crâne si allongé & l'un d'eux les yeux si obliques, qu'on ne peut attribuer ces défauts de conformation ni à une négligence ni à un caprice de l'artiste; il semble qu'on ait voulu représenter, avec plus ou moins de bonheur, des personnages de quelque ambassade que l'Asie orientale avait députée vers l'empire romain. On peut rattacher aussi à la catégorie des décorations architecturales en forme de masque les appareils figurés aux n°ˢ 4 & 5 de la 5ᵉ planche, & qui représentent une figure humaine de profil, la bouche béante, sur un écu de marbre terminé par des têtes de griffon. M. Quaranta (*Mus. Borb.*, XIII, 23) fait observer en effet que l'on a trouvé le fer qui servait à suspendre ces deux objets à des colonnes ou à des métopes, & que l'usage de semblables ornements est démontré par la numismatique, ainsi que par des peintures de Pompéi & d'Herculanum.

Les deux planches qui suivent & qui reproduisent évidemment des bas-reliefs nous présentent, dans des encadrements d'architecture ornés de guirlandes de feuillages, de fruits & autres attributs rustiques, des masques de femmes, l'un voilé, l'autre bizarrement coiffé, posés sur des espèces de piédestaux. Le long poisson qui se glisse près du premier, la lance ornée de feuillage, & qu'on pourrait appeler un thyrse, déposée auprès du second, semblent indiquer des significations mystiques, à moins qu'il n'y soit fait simplement allusion à des succès dramatiques remportés aux fêtes de Neptune & de Bacchus.

Sur la planche 48, les deux dernières figures seulement reproduisent l'aspect des masques scéniques; les trois autres sont d'élégants mascarons travaillés avec un art délicat. On peut en dire autant, dans une certaine mesure, des masques représentés sur la planche 46, l'un diadémé, l'autre pourvu d'oreilles de faune; le caractère scénique se remarque davantage aux figures 2 & 4 de la planche 47; nous voyons au-dessus un masque de Bacchus imberbe entouré d'attributs rustiques. Les esquisses de peintures anciennes qui complètent ces deux feuilles n'ont rien d'obscur. L'une représente Esculape & Hygie avec leurs attributs ordinaires, l'autre un Génie en tunique talaire, planant avec des ailes de papillon & tenant un feston qui se continue à sa gauche par une chaînette ou un collier

CHAPITRE III.

SCULPTURES DIVERSES.

Sur la planche 40 sont dessinés deux bas-reliefs antiques, représentant des trirèmes ou galères à trois rangs de rames. Chacune d'elles paraît dirigée au moyen de deux gouvernails tenus par le même pilote, qui doit, à en juger par la figure ici tracée, tenir une barre de chaque main, puisque le gouvernail apparent est sur le flanc de la poupe. Mais il serait plus que téméraire de vouloir tirer une induction quelconque d'une pareille représentation. On s'aperçoit, en effet, que le nombre des rameurs & l'espace indispensable pour les placer sont hors de toute proportion avec le nombre des rames, outre qu'on ne saurait imaginer où se placeraient ceux qui font mouvoir celles du deuxième & du troisième rang, dont on voit l'extrémité au-dessous de celles du premier; de plus, une masse de rames aussi compacte semble avoir été formée dans le but de résoudre ce singulier problème de mécanique : produire le moins d'effet possible avec la plus grande somme de forces. Évidemment, on ne peut étudier sur de pareils monuments les procédés de la marine chez les anciens.

D'autres bas-reliefs à sujets mythologiques appartiennent à des disques semblables à ceux qui se lançaient dans les exercices gymnastiques. Sur la planche 88 sont dessinées les deux faces de l'un d'eux : sur l'une, un Faune à oreilles d'animal fait danser son jeune fils; sur l'autre, un troisième fait une offrande de fruits à un petit Hermès. Les deux vieux Silènes portent, nouée sur l'épaule, une peau d'animal non tachetée. A la planche 89 nous voyons d'une part un guerrier dont on pourra comparer l'armure avec les armes diverses décrites dans un autre chapitre; de l'autre, une déesse ailée, portant sur le front la stéphané & offrant de la nourriture à un serpent sacré, enroulé autour d'une colonne. Ces deux disques ont été trouvés à Pompéi. Nous trouvons encore, planche 91, deux disques à double face. Le premier représente Hercule au repos, après avoir pris la biche de Ménale, & un jeune Faune en état d'ivresse, portant la nébride & le thyrse. Sur le second, un vieux Silène paraît adresser une réprimande à un enfant; sur un dauphin s'appuie un éphèbe ailé que M. F. Lenormant croit être Nérités, père des Néréides, aimé d'Aphrodite pendant son séjour dans l'empire des ondes, mais qui refusa de la suivre dans l'Olympe (El. H. An. xiv, 28); au centre de la planche est une Minerve. Sur la précédente, deux bas-reliefs distincts, en forme de médaillons, nous montrent, à gauche, un Faune immolant un petit animal que soutient une ménade; à droite, un Silène jouant de deux flûtes devant un petit autel d'où paraissent s'élever des flammes. Sur la planche 105, nous voyons un Panisque vêtu d'une peau d'animal & assis sur un petit tertre où est étendue une peau de lion. Il exécute sur la lyre un morceau de musique en présence d'un petit Hermès à qui sont offerts un vase de vin ou de lait, un bâton de berger & une palme; au-dessus est suspendue une bandelette. Le vieux Panisque semble absorbé dans sa fonction artistique & religieuse; cependant, un sourire se dessine sur sa lèvre, malgré lui grimaçante, & laisse soupçonner, dans le culte qu'il rend à un dieu plus grand que lui, une réminiscence de ses baccanales ordinaires.

D'autres disques (pl. 109) représentent un jeune faune jouant de la flûte près de Bacchus enfant, & une tête ornée de petites ailes. Au centre de la feuille se trouve un ornement d'architecture, tel que celui qui se voit à la planche 5 & que j'ai décrit parmi les mascarons. Celui-ci, terminé comme l'autre par des têtes de griffons, représente un Génie des mers porté sur un dauphin.

Les deux dernières planches de ce volume représentent des bas-reliefs en marbre. Sur l'une, Hercule au repos tend sa coupe à une femme voilée qui apporte un petit vase & dans laquelle certains archéologues ont cru reconnaître Hébé (V. Finati, *Mus. Borb.*, XIII, 51); à droite, on voit un petit monument sépulcral où deux amis paraissent se retrouver dans l'autre monde. Ces deux bas-reliefs sont signés par des artistes grecs. On a tout lieu de croire que la dernière feuille représente Ulysse déguisé en mendiant & reconnu par son chien.

Les planches 107 & 108 de ce volume contiennent l'ensemble & les détails de sculptures en bronze découvertes en 1832 (V. Avellino, *Mus. Borb.*, IX, 58-60); elles étaient attachées à un monument en fer au moyen de clous dont on a trouvé des vestiges. Les deux plaques latérales représentent des Centaures musiciens; sur la plaque centrale, un personnage, assez laid & assez mal bâti pour représenter un Silène, vient trouver dans une grotte un femme assise sur un escabeau & un adolescent portant une nébride sur un bras & une ciste sur l'autre. Comme d'ailleurs les bas-reliefs de bronze relatifs au culte de Bacchus que l'on voit sur la planche 106 ont été trouvés dans le voisinage (Avellino, *ubi supra*), & comme les Centaures sont étroitement liés aux scènes bachiques sur bien d'autres monuments, il y a lieu de croire que nous avons sous les yeux le jeune dieu, & que ces sculptures appartenaient à un monument qui lui était consacré.

CHAPITRE IV.

MOSAÏQUES, DESSINS, ETC.

La planche double 100-101 contient plusieurs mosaïques, c'est-à-dire des dessins formés au moyen de pierres de différentes couleurs, choisies & taillées de manière à produire par leur juxtaposition le contour apparent des objets. Ce genre de travail était fréquemment usité pour l'ornementation des maisons romaines, & l'art s'en est conservé à Rome. Les mosaïques de cette feuille représentent : l'une, des masques, des fleurs & des fruits; d'autres, des animaux, surtout des animaux aquatiques, à côté desquels on remarque pourtant un chat domestique qui saisit un pigeon vivant, les pattes liées, que la ménagère vient d'apporter du marché. L'avidité du chat & l'inquiétude que lui cause la pensée d'être surpris sont parfaitement exprimées dans son attitude & son regard. Le dessin qui se trouve le plus à droite est désigné par l'éditeur italien, & avec toute apparence de raison, comme représentant une Harpie qui poursuit un oiseau & derrière laquelle vole un Amour (ou un Génie quelconque), portant, dit cet archéologue, un petit autel.

Vient ensuite la célèbre mosaïque de la bataille d'Issus. Alexandre, à cheval, se fait jour à travers les Perses pour se saisir de Darius, monté sur son char. Le cocher s'efforce d'entraîner son maître loin du péril, mais le char ne peut rouler assez vite à travers les morts & les mourants. Les chevaux commencent à se cabrer; un écuyer s'est approché avec un cheval de main que le roi de Perse va monter pour s'enfuir. L'empressement effrayé de ses serviteurs, l'épouvante de Darius lui-même, l'ardeur d'Alexandre, la douleur du soldat qu'il a percé de sa lance, le dévouement de celui qui se jette, l'épée à la main, entre les deux monarques, le mouvement des chevaux sont représentés avec une vivacité singulière. Comme expression, c'est assurément un des plus beaux modèles de l'art antique que nous possédions aujourd'hui.

La mosaïque de la planche 97 représente un lion enchaîné de fleurs & guidé par des Amours; sujet que l'on croirait tracé par un pinceau du XVIIIe siècle. Sur un socle est une femme voilée, en tunique talaire, couronnée de vigne & tenant le thyrse & le canthare. Un autre thyrse est appuyé sur un quartier de roc, derrière lequel un Amour tient une corne d'abondance. Une autre femme, assise & couronnée comme la première, tient également un canthare; un troisième a pour attributs des plantes de marécage. Sur la feuille suivante, au-dessous d'un chien enchaîné, à l'air féroce, on lit ces mots : *Cave canem* (Cf. 99); un chien ordinairement en vie, quelquefois en peinture, se trouvait d'ordinaire vis-à-vis de la loge des esclaves portiers (Dezobry, *Rome au siècle d'Auguste,* lettre IX). La partie inférieure de la planche représente ce que nous appelons un foyer de théâtre : quelques acteurs ont revêtu leur costume & vont s'affubler de leurs masques. Une musicienne, en tunique talaire & couronnée de feuillage, joue de la double flûte : la musique instrumentale, servant à régler le ton des acteurs, avait un rôle important dans le théâtre romain (Dezobry, lettre CIX).

Un pavé en mosaïque, orné de figures d'animaux & sur lequel nous retrouvons, sur le visage d'une tête ailée, entourée de serpents, ces traits nullement furieux que l'on donnait quelquefois à la Gorgone, occupe la planche 96. On peut aussi rattacher aux mosaïques ces fontaines trouvées dans des maisons de Pompéi & dont les quatre planches précédentes nous donnent le dessin & la coupe, puisque des mosaïques en forment, en grande partie, la décoration. Les béliers, l'hippopotame & la barque de la première semblent indiquer des modèles égyptiens.

Enfin, on voit, sur les planches 77 & 77 *bis,* des *capsæ,* ou boîtes à papyrus, des *volumina* roulés ou à demi déroulés, un *abacus,* des écritoires, des *calami,* des styles de métal, des tablettes enduites de cire où l'on écrivait avec le style, des sacs d'argent & des monnaies; & la planche 86 est la reproduction d'un dessin au trait (graffito) tracé sur un mur de Pompéi, en souvenir de la rixe terrible qui avait eu lieu, comme Tacite nous l'apprend, à l'amphi-théâtre de cette ville. Un des Pompéiens a signalé la victoire de ses compatriotes sur les habitants de Nucérie, dans l'inscription expliquée par le P. Garrucci, & où il les insulte, en les déclarant perdus ou exterminés (*peristis*) aussi bien que la troupe de gladia-teurs appelée *Campani victores.*

LIVRE QUATRIÈME.

MÉDAILLES.

CHAPITRE PREMIER.

NOTIONS GÉNÉRALES.

L'usage des monnaies est assez ancien parmi les Grecs; on le
fait remonter au viiie siècle avant l'ère chrétienne, c'est-à-dire au
temps où commença le grand mouvement d'émigration vers la
Sicile & vers l'Italie. La Grèce paraît avoir adopté, dès le principe,
l'usage de la monnaie d'argent; tandis que, durant des siècles,
Rome ne fabriqua que celle de bronze. La nécessité de constater le
titre par une empreinte qui fût la garantie de l'État, l'usage encore
peu répandu de l'écriture, l'extrême division de la souveraineté
politique entre tant de cités helléniques, obligèrent les Grecs à
adopter une grande variété de types. Or, dans chaque cité, on
aimait à faire figurer sur les monnaies, devenues ainsi de véritables médailles, les divinités protectrices de la ville, ou des symboles relatifs soit à son histoire, soit à ses conditions d'existence;
de là l'importance de la numismatique pour l'histoire générale. Mais
on a remarqué que la perfection artistique des types monétaires
appartient beaucoup moins à Athènes, qui pourtant fut par excellence la ville des arts & du commerce, qu'à la Grande-Grèce, à

laquelle appartiennent presque toutes les monnaies réunies dans ce volume. L'unité monétaire était surtout la drachme, qui, chez les Athéniens, représentait quatre-vingt-douze centimes, & qui, d'Athènes probablement, passa, par l'effet des relations commerciales, même dans les colonies qui n'étaient point d'origine ionienne.

Deux récents travaux de M. Fr. Lenormant, l'*Essai sur l'organisation de la monnaie dans l'antiquité* & un article de la *Revue archéologique* (1866) sur *les légendes dans la numismatique ancienne,* résument les règles & les coutumes suivies, à diverses époques, pour le choix des légendes ou inscriptions qui accompagnent les types monétaires. Pendant les premiers temps, les lettres initiales du nom de la ville ou du pays figurèrent seules sur les monnaies, à l'exception de quelques pièces de la Grande-Grèce, où le nom fut tracé en entier. A la belle époque de l'art, on inscrivit quelquefois les noms ou les initiales tant des magistrats monétaires que des magistrats politiques; mais on n'y voit jamais leur effigie, ni même, selon M. Lenormant, au moins jusqu'au temps d'Agathocle, l'effigie ni le nom des chefs de parti qui occupèrent en fait le pouvoir souverain dans certaines villes : nous n'avons ni Pisistrate, ni Denys. Certaines médailles dites *autonomes,* du temps de la domination romaine, ont à la fois les noms du proconsul de la province & du magistrat monétaire de la cité. Le nom de cette dernière ou l'adjectif ethnique qui en représente les habitants, & qu'on met ordinairement au génitif pluriel, ne se complique de titres qu'au temps de l'empire romain. Sur quelques monnaies grecques, on trouve le nom d'une divinité protectrice, ou encore celui de la monnaie elle-même, drachme, didrachme, &c.

CHAPITRE II.

MÉDAILLES DE LA GRANDE-GRÈCE.

Campanie. — Après la feuille 65, sur laquelle nous reviendrons quand nous parlerons des médailles de Sicile, la première que l'on trouve dans la présente collection nous offre, en tête, quatre monnaies d'argent & deux ou trois monnaies de bronze appartenant à la fameuse cité de *Naples*. Sauf la dernière, toutes portent le nom ethnique Νεοπολίτης (2, 3, 5) ou, au génitif pluriel, Νεοπολιτῶν, qu'il est impossible de méconnaître, même là où cette inscription a disparu en partie, car l'espace serait beaucoup trop petit pour le nom de Palæopolis. A plus forte raison ne peut-il être ici question du nom de Parthénope, & le type en est trop soigné pour que ces pièces remontent à une époque très-ancienne. D'autre part, il n'y a là nulle trace de domination romaine; il faut donc rapporter ces monnaies au temps écoulé entre la première moitié du vᵉ siècle, époque du rapide développement de l'art hellénique, & le dernier quart du ivᵉ, temps où Naples tombe au pouvoir des Romains. (Ch. Lenorm., *Introd. à l'étude des vases peints,* p. 40-2 & 57-8.) Sur toutes ces monnaies, le *droit* porte une tête casquée, diadémée ou laurée, sans inscription, sauf le nᵒ 2, où l'on voit les initiales du magistrat qui l'a fait frapper. Le casque du nᵒ 1, où est gravée une chouette, rappelle la Pallas athénienne, les monnaies d'Athènes étant d'ailleurs fort répandues par le commerce & par suite propres à servir de modèles dans les divers ateliers. Les revers des pièces d'argent réunies ici & du bronze n° 5 portent uniformément un taureau à face humaine, couronné par une Victoire. « Dans la série napolitaine de bronze, dit M. Lenormant (*ubi supra*), les pièces du plus ancien style ont, au droit, la tête d'Apollon (Cf. n°ˢ 5. 6) &, au revers, la moitié de bœuf à tête humaine ; celles qui viennent ensuite nous montrent, au revers, le même taureau tout entier. » Au n° 6, la Victoire couronne, non plus un animal, mais une lyre, près de laquelle se trouve un bonnet qui rappelle un peu celui des flamines, ou peut-être celui de Vulcain, comme dieu de l'atelier monétaire. On y remarque la faute de gravure ꓵ pour ꓕ. Quant au n° 7, la tête du revers pourrait bien n'être pas celle du taureau ordinaire. Les bandelettes suspendues à ses cornes sont peut-être une allusion au culte italiote de Bacchus-Hébon, aussi bien que la *diota* que l'on aperçoit au droit de la figure 2 (V. Creuzer, trad. Guignaut, t. III, l. vii, ch. 4, & la note 8 rédigée par M. Maury). Le Silène & la Sirène que l'on trouve aux deux premiers numéros de la planche 68 font penser à la Sirène Parthénope & au Bacchus de ce pays. M. Avellino (*Mus. Borb.*, III, 16) se borne à dire que ces médailles doivent être campaniennes [1]. Mais il me paraît bien téméraire quand il suppose une faute de graveur assez énorme pour confondre avec la légende de Naples celle qui accompagne la tête d'Apollon au n° 5.

Quant au bronze du n° 8, aux types napolitains d'Apollon & du taureau couronné par la Victoire, la légende nous indique qu'il appartient à la ville campanienne de *Nola*, très-voisine de Naples. Le bronze n° 10 porte, au revers de la tête d'Apollon, les Dioscures, divinités populaires dans l'Italie inférieure.

Le bronze n° 9, qui porte au droit la tête à longs cheveux, mais sans laurier, a, au revers, un chien qui semble chercher une

---

1. Serait-il permis de signaler à des rapprochements futurs l'hypothèse que la légende du n° 1 pourrait se lire **EMESO** (rum) en vieux caractères latins, & se rapporter à quelque colonie de vétérans placée à Émèse, en Syrie, le monstre étant une Dercéto?

piste ; l'on y lit les noms de *Nucérie* (au S.-E. de Nola) & de ses habitants, *Nukrinum, nu(k)ernam,* avec l'orthographe indigène & une écriture moitié osque, moitié samnite (V. Mommsen, *Die unteritalischen Dialekte,* § 5 & 6. Cf. Strab., v, 4).

Les deux légendes nous apprennent que les n°s 19 & 20 de la planche 67, à la tête de Pallas, appartiennent à *Capoue,* & nous retrouvons, à ce que l'on croit, des types capouans aux n°s 6 & 7 de la planche 68 ; mais alors la ville a passé sous la dépendance de Rome. Le style osque est signalé aux n°s 8 & 9, portant un quadrige au revers d'un *bifrons* stéphané ou lauré ; or ce quadrige, là où il est bien visible, rappelle fort celui de Jupiter que portent beaucoup de deniers romains & qu'on trouve précisément au revers d'un bifrons lauré imberbe (*Aes grave del Museo Kircheriano,* XII, 9, 10). Ces médailles doivent donc se rapporter aussi au temps de la domination romaine déjà établie chez les Osques.

Le fait est établi encore plus nettement peut-être là (*ibid.,* 6-7) où une tête de Pallas a pour revers une tête de cheval ; & une autre tête casquée, un cheval au galop & une palme (allusion peut-être aux Dioscures, messagers de victoire). Là en effet, dit M. Avellino (*ubi supra*), le travail est de style grec, mais il n'hésite point à reconnaître dans les légendes mutilées du n° 6 le mot *Romano,* & le nom de Rome est nettement tracé au revers du n° 7. Un peu plus haut (pl. 67, 16), une tête de Pallas a pour revers un coq & une étoile (autre allusion aux Dioscures?) avec le mot CALENΩ (N) où le C est latin, le L osque ou samnite & l'O latin archaïque aussi bien que grec. Au n° 15, l'inscription mutilée est en caractères latins, mais doit être restituée avec d'autant plus de confiance que le type de la face est aussi celui de Pallas : au revers paraît la Victoire montée sur un bige. *Cales* était située entre le Vulturne & le Liris. Une ville voisine, *Teanum,* est représentée ici par les n°s 3 & 4 de la pl. 68, où se lit, en caractères osques & de droite à gauche, le mot *Teanud.* L'une de ces médailles a les deux types napolitains, l'autre une tête imberbe coiffée d'une peau de lion avec l'attribut de la chouette, sans doute Hercule protégé par Minerve, & au revers une Victoire sur un char à *trois* chevaux (Cf. de Luynes, *Choix de médailles grecques,* pl. I, n° 16). Les premiers types, non moins que les caractères des inscriptions, distinguent ici le *Teanum* campanien de celui d'Apulie (V. Ch. Lenormant, Introd., p. 46, note).

La connaissance même la plus élémentaire des vieilles écritures italiques ne permet pas de méconnaître le nom d'*Atella* sur une médaille intéressante (pl. 67 n° 13) où l'on voit d'un côté la tête laurée de Jupiter, le grand dieu du Capitole, avec le mot *Roma* en caractères romains, & de l'autre deux guerriers offrant le sacrifice du porc, gage de l'alliance entre deux cités. Le nom de celle qui contracte ainsi avec Rome est écrit *Aderl* en caractères sabelliens, trace de la conquête samnite en Campanie. Or l'identité étymologique du D & du T ne peut faire question, & un R, surtout suivi d'un L, se change facilement en L. Cette lecture nous indique d'ailleurs le sens de la légende plus abrégée *Ade,* également en caractères sabelliens, qui se lit près de la figure d'un éléphant, au revers d'une effigie du soleil, d'un style fort imparfait (*ibid.,* 14). Les initiales AP, en caractères osques, qu'on voit (*ibid.,* 17), avec la figure de Cerbère, au revers d'une tête diadémée, doivent représenter *Abella*, près de Nole, à moins que ce ne soit *Abellinum,* sur la frontière des Hirpins.

Des médailles portant, contre l'ordinaire, le nom ethnique d'une région & non plus d'une cité, en caractères grecs, mais sous des formes qui ne sont pas réellement helléniques (ΛΟΥΚΑΝΟΜ, ΛΥΚΙΑΝΩΝ), représentent une région voisine de la Campanie sur notre planche 73. Elles ont au droit (V. Avellino, *Mus. Borb.,* IV, 30), la première une tête de Mars, barbue & casquée, la seconde une tête d'Hercule imberbe, coiffée de la peau de lion, & toutes deux, au revers, une femme armée marchant à droite.

Lucanie et Apulie. — Nous trouvons aussi, dans la présente collection, plusieurs colonies grecques de Lucanie. Le type de

Poséidon (Neptune) avec le taureau cornupète au revers (pl. 75, 1, 2) indique *Posidonia* (V. Avellino, *Mus. Borb.*, V, 15), à laquelle on rapporte aussi les cinq numéros suivants, dont l'un porte au revers un épi avec la syllabe ΠΑΙΣ, initiale de Pœstum, autre nom de cette ville (V. *infra*, ch. III).

La ville de *Vélia*, colonie de Phocée, sur la même côte, est représentée par un certain nombre de médailles, sans équivoque possible, puisque le nom ΥΕΛΗΤΩΝ est écrit au revers en toutes lettres (V. pl. 77, nᵒˢ 9-12 & pl. 78, nᵒ 1). Toutes ont au droit une tête de femme casquée, & trois d'entre elles ont un petit quadrige gravé sur le casque. Toutes au revers ont un lion, qui, comme le fait observer Avellino, se retrouve à Marseille, colonie bien plus fameuse de la même métropole (*Mus. Borb.*, V, 45), quoique Phocée elle-même eût le *phoque*. Ce lion marche à droite, sur une de nos monnaies (pl. 77, nᵒ 10); sur toutes les autres, son attitude est celle de l'animal dévorant sa proie ou prêt à s'élancer sur un ennemi. Au nᵒ 11, on voit planer en l'air les deux Dioscures, messagers de victoire, & parmi les médailles de Vélia, toutes au lion, qu'a publiées le duc de Luynes (*Choix de méd. gr.*, III, 13 à 17), deux représentent l'animal terrassant un cerf; une Victoire l'accompagne sur une troisième. Les caractères grecs ΓΡΥ qui se lisent sur notre planche 73, nᵒ 10, au-dessus d'un cheval au galop, au revers d'une tête à droite, sont assurément la syllabe initiale de *Grumentum*, ville lucanienne de l'intérieur.

Grumentum, vers les sources de l'Aciris, appartient déjà au versant de la mer Ionienne; près de l'embouchure du même fleuve était *Héraclée*, qui, dit M. Avellino (*Mus. Borb.*, IV, 15), a imité plusieurs types de Tarente, sa voisine. Naturellement on voit surtout figurer sur ses médailles Hercule, son héros éponyme; mais quatre de ces monnaies ont au droit une tête dont le casque porte en relief le monstre appelé Scylla, dans lequel on avait personnifié l'un des écueils du détroit de Messine, & que nous retrouverons bientôt sur beaucoup de médailles de Thurii. Cette effigie & l'Her-

cule imberbe que couronne une Victoire ne permettent pas de re-
fuser à Héraclée la petite monnaie d'argent où manque l'inscription
HPAKΛEIΩN (pl. 71, n° 4) ; mais il faut ajouter que, sur la figure 6
où l'inscription est tout entière, le revers ne porte pas d'Hercule
& que la tête du droit est fort différente. La précédente, dont le
revers est une Minerve sacrifiant, présente la particularité bizarre
de deux Hercules en pied d'âges différents. Avellino (*Mus.
Borb.*, IV, 30) ne croit pas pouvoir l'expliquer. La conjecture
lamoins improbable serait peut-être de penser que les Héracléotes croyaient compter un fils d'Alcide au nombre de leurs
ancêtres.

Métaponte, un peu au nord d'Héraclée, près du golfe de
Tarente, occupe à elle seule la seconde moitié de la planche 71 & la
planche 74 tout entière. Partout l'épi, emblème de la fertilité de son
territoire, tient la place principale au revers de ces monnaies, avec
les syllabes META ou simplement ME (V. de Luynes, *Métaponte, init.
& numism.*, I-IX) ; on lit METAПOΝTINΩ au revers d'une tête sans
attributs. Plusieurs de ces pièces ont, au droit, la tête de la déesse
des moissons (pl. 74, n°s 1-3, 5, 7-10) ; mais on y trouve aussi une
figure, assez semblable au Mars romain, où M. Avellino (*Mus.
Borb.*, IV, 45) reconnaît Leucippe, chef de la colonie, parce que
son nom se trouve sur d'autres monnaies, auprès de figures semblables. Il signale, sur le champ des revers 1 & 2, la figure d'une
charrue, &, au n° 10, le voile transparent (καλύπτρα) étendu sur la
chevelure de la déesse ; au revers du n° 8 est un animal rongeur des
blés. D'autres monnaies de la même ville ont un Hercule (planche 71,
n° 8, cf. de Luynes VIII), un Silène (9) ou même Jupiter Ammon
(11-12) (Cf. de Luynes X). La dernière médaille de la planche 74
est ornée d'une tête d'Apollon, dieu dont le culte fut introduit à
Métaponte postérieurement à sa fondation, & que l'on voit en pied
sur une des pièces publiées par le duc de Luynes (VII). Au
revers de notre n° 12, le trépied qui est joint à l'épi se rapporte
également au culte d'Apollon. S'il indiquait une alliance avec

Crotone (V. *infra*), le nom de cette ville y figurerait sans doute avec celui de Métaponte.

Tarente (ΤΑΡΑΣ) a partout au droit, sauf deux petites pièces (pl. 73, 5-6), son héros éponyme, fils du dieu de la mer; il est toujours monté sur un dauphin & tient quelquefois le cyathe, par allusion à l'élément humide dont Poséidon & Dionysos étaient tous les deux des emblèmes, le trident, le gouvernail ou quelque autre attribut; parfois aussi, mais rarement, il ne se laisse reconnaître qu'à sa monture. Les revers mêmes ne varient pas beaucoup. Sauf les deux derniers, ils portent un cavalier, qui est armé presque sur tous. Néanmoins ces types n'étaient pas ou ne furent pas toujours uniformes sur les monnaies tarentines. Quelques autres revers sont donnés par M. de Luynes, sur la 2ᵉ planche de ses médailles grecques. Ici même, les deux petites pièces notées plus haut portent la tête casquée &, au revers, Hercule combattant le lion. Leur attribution résulte du mot ΤΑΡΑΝΤΙΝΩΝ, écrit en entier sur la première.

M. Avellino (*Mus. Borb.*, IV, 15) ne fait pas difficulté de rapporter à *Uxentum* ou Uzentum l'inscription de l'Hercule couronné par la Victoire, au revers d'un bifrons imberbe & casqué (pl. 73, n° 7).

Brundusium (Brindes), sur le rivage apulien de l'Adriatique, tout près du canal d'Otrante, a fourni à notre collection une petite série de médailles en bronze, mais toutes sont de la colonie romaine & nous les retrouverons plus loin. La dernière médaille de la planche 79, au foudre & à la chouette, porte inscrit le nom du peuple de *Butuntum* en Apulie, entre Barium & Canusium. Cette dernière ville, fondée, disait-on, par Diomède, se trouvait sur la frontière des deux langues, comme nous l'apprend Horace (*Canusini more bilinguis*). La monnaie de *Lucerie* (pl. 69, n° 1) porte en effet des caractères latins; il est vrai qu'elle fut colonisée par Rome & que l'orthographe du nom est grecque. C'est aussi à cette ville que M. Avellino rapporte le n° 6 de la même planche portant les têtes des Dioscures & au revers des chevaux avec la lettre L *(Mus. Borb.,* III, 32). La légende de Butuntum est grecque, aussi bien que celle de Rubi, ville du voisinage (ΡΥ, ΡΥΨ, ΡΥΒΑΣΤΕΙΝΩΝ), dont les types variés rappellent tantôt le culte de Jupiter, tantôt celui d'Hercule, tantôt celui de Minerve.

BRUTIUM. — Comme la Lucanie, le Brutium a laissé des médailles (pl. 78, nᵒˢ 2-9) avec le nom de la contrée tout entière, ou plutôt du peuple qui l'habitait, mais écrit en caractères grecs, ΒΡΕΤΤΙΩΝ, &, ce qui est plus significatif, avec des types helléniques, soit pour le dessin, soit pour le sujet, tels que la tête d'Hercule & le bige conduit par la Victoire (2-4), Poséidon & Amphitrite, portée sur un cheval marin (5) (V. Borghesi, *Osserv. Numism.,* XI, 9), Héra & Poséidon (V. Avellino, *Mus. Borb.,* V, 61), Artémis Phosphoros (8), les Dioscures avec leurs étoiles (9) ; la corne d'abondance est bien placée, à côté de divinités essentiellement protectrices. Mais ce sont surtout les villes grecques établies sur ces côtes dont les médailles sont nombreuses.

Et d'abord *Sybaris*, malgré la destruction qui l'atteignit de bonne heure, est ici représentée (pl. 75, nᵒˢ 8-10) par trois bronzes au revers du taureau : sur le premier, les deux lettres initiales doivent se lire de droite à gauche, & l'S a une forme italique (Cf. de Luynes, *Choix de méd. gr.,* V, 9.) Une ville voisine, *Thurii,* occupe à elle seule les deux derniers numéros de cette planche, toute la suivante & les huit premiers de la planche 77, en y comprenant deux pièces de la colonie romaine, sur lesquelles je reviendrai. Sauf un petit nombre d'exceptions, le revers offre un taureau cornupète ; au droit, se trouve presque toujours une tête casquée ; sur onze d'entre elles, le casque est orné du monstre Scylla, quelquefois aussi la tête est laurée (pl. 76, 4, 8, 11 ; pl. 77, 7). Au-dessous du taureau se trouve ordinairement un poisson ; ailleurs un hyppocampe (pl. 76, 3), une tête de lion (pl. 77, I), un thyrse (4), une Victoire (6) ou un trépied (7). Une tête laurée de femme, probablement l'effigie d'Artémis, porte au revers l'image en pied de la déesse, avec les javelots, le flambeau & le chien de chasse; une autre tête laurée, mais masculine (11) a le foudre au revers; les deux médailles intermédiaires ont, au revers d'une tête de femme, l'une un cheval, l'autre un Apollon. Partout d'ailleurs le mot ΘΟΥΡΙΩΝ est écrit, le plus souvent en toutes lettres.

De *Petilia* (vers l'entrée du golfe de Tarente) nous avons ici une médaille de bronze à tête barbue & diadémée, avec la massue au revers & le mot ΠΕΤΗΛΙΝΩΝ en écriture commune, & une autre plus grande, avec la tête laurée d'Apollon & le trépied, où les deux premières syllabes du nom sont effacées. Avellino (*Mus. Borb.*, IV, 64) dit que ces monnaies sont fort rares; Petilia n'a jamais joué un grand rôle. Mais il en est autrement de la ville, grecque aussi, de *Crotone,* voisine de Petilia, près du cap Lacinium. Les médailles en sont ici assez nombreuses (pl. 79, nᵒˢ 7-12; pl. 80, nᵒ 1; pl. 81, nᵒˢ 1-12). Elles se reconnaissent surtout au type delphien du trépied, qui, sur les trois premières & la onzième pièce de la planche 81, appartient aux deux côtés des médailles, parce que celles-ci sont incuses, c'est-à-dire en relief d'un côté, en creux de l'autre. La première ou les deux premières syllabes du nom des Crotoniates s'y lisent en caractères archaïques; la seconde porte un cancre & la troisième un oiseau à long cou, auprès du trépied. Ailleurs (4, 5, 9), le revers est occupé par un aigle; l'écriture en est d'époques diverses; sur deux de ces dernières médailles, le trépied est flanqué d'un épi & d'un serpent, symboles de Déméter & de Dionysos. Ailleurs (pl. 79, 10 & 81, 8), le trépied est au revers d'une tête d'Apollon; ailleurs encore (6), on voit, près du trépied, Hercule combattant un serpent, &, au revers, Hercule au repos (Cf. pl. 79, 12). L'alphabet de ces deux médailles n'est point archaïque. L'avant-dernière médaille de la planche 79 représente, au revers d'une tête d'Apollon, l'exploit d'Hercule enfant. Hercule était considéré comme auteur de la colonie, dit M. Avellino, qui croit, avec grande apparence de raison, reconnaître la célèbre Junon Lacinienne dans le type féminin de quelques-unes de ces monnaies (*Mus. Borb.*, VI, 16). Il fait observer aussi que la tête représentée ici (pl. 79, 9) au droit d'une chouette doit être celle du fleuve Esar, dont on trouve le nom à côté de son effigie, sur des monnaies d'argent; & plus loin (VI, 32) que le polype, au revers du trépied (pl. 81, 3) indique seulement une cité maritime.

En avançant vers le détroit, nous trouvons Caulonia & Locres Épizéphyrienne, & sur le détroit même, Rhegium. Presque toutes ces monnaies de *Caulonia,* dont quelques-unes sont incuses, offrent une représentation bizarre dont je ne sache pas que l'on ait encore donné une explication bien satisfaisante, celle d'un enfant courant sur le bras d'un homme; sur trois des incuses l'enfant ne se voit pas au revers. Un cerf est tracé presque partout à côté du personnage; sur les médailles dont le revers ne reproduit pas celui-ci, un cerf en est la figure unique ou principale. Les incuses ont un alphabet archaïque; il y en a trace encore au n° 5, dont l'écriture est rétrograde.

Toutes les monnaies de la planche 80, sauf la première, sont locriennes, & toutes, excepté la dernière, où l'on voit Pégase au revers d'un Hercule imberbe, offrent des reproductions ou des combinaisons diverses de ces trois types : la tête de Jupiter, le foudre & l'aigle tenant un lièvre dans ses serres. Zeus, dont on trouve le nom sur des monnaies de Locres, publiées par le duc de Luynes (*Choix de méd. gr.,* IV, 5; Cf. 6 & 8), était assurément une divinité poliade des Locriens.

Les médailles de *Rhégium,* à la tête de lion ou au bige sur lequel M. Avellino croit reconnaître Arcésilas (*Mus. Borb.,* VI, 64), présentent une alternative de caractères grecs & latins archaïques; le type du lièvre se trouve plusieurs fois au revers & a donné lieu de penser que le groupe des médailles locriennes fait allusion à une victoire remportée sur les Rhégiens (V. Avellino, *Mus. Borb.,* VI, 48) Un dieu assis, peut-être Neptune, figure sur les cinq premiers revers. C'est au revers que les quatre dernières médailles ont la tête du lion; au droit est une tête juvénile, qui est laurée aux n°s 7, 8 & 9.

Enfin, les trois dernières médailles de notre planche 83 & plusieurs autres (1-5) de la 85e appartiennent à *Terina*, colonie grecque du Brutium, sur la côte de la mer Tyrrhénienne. M. Avellino (*Mus. Borb.*, IV, 64), croit devoir reconnaître *Medma* ou *Mesma*, colonie locrienne de la même côte, aux n°s 2 & 3 de la planche 82.

SICILE. — Les monnaies de quelques villes grecques de Sicile occupent la première & l'avant-dernière planche de notre série, avec une partie de la dernière. Et d'abord (pl. 65) la plus fameuse & la plus importante de ces villes, *Syracuse,* y est représentée par des types de la plus belle époque, surtout aux n°s 1 & 5. Certains médaillons d'argent syracusains « constituent, dit M. Fr. Lenormant, le *nec plus ultrà* de l'art monétaire. » Il faut voir apparemment une allusion à la position maritime de cette cité, dans les poissons qui accompagnent (1, 2, 4) les types principaux des têtes de déesses, du quadrige ou du cheval. Au n° 6, qui porte sur le revers un Hercule, le nom des Syracusains est remplacé par celui des Nouveaux Héracléotes, c'est-à-dire apparemment des citoyens d'*Héraclée*-Minoa, entre Agrigente & Sélinonte. Agrigente (pl. 84, 1-9), sur les monnaies de laquelle les aigles sont prodigués, fait alterner, sur ses revers, le crustacé, emblème de la mer ou du rivage, avec le quadrige de Syracuse, qu'elle entoure d'attributs pacifiques. Le dernier numéro de cette planche appartient à *Catane.*

Dans la seconde moitié de la planche 85 se voient plusieurs pièces d'*Abacenum,* ville du N. E. de l'île; l'une d'elles, comme celle de Catane, porte au revers une moitié de bœuf à la tête humaine. La dernière de toutes nos médailles a au droit une tête d'Apollon, avec le nom de la ville de *Tyndaris,* au génitif; au revers est un guerrier debout avec le nom d'Agathyrnos. Les numismates se sont divisés sur la question de savoir si ce dernier mot est un nom d'homme, ou s'il faut voir ici une médaille frappée en l'honneur d'une alliance entre Tyndaris & la cité voisine d'Agathyrum (V. Avellino, *Mus. Borb.*, IX, 14). Quant aux n°s 6 & 7, M. Avellino avoue qu'il est incertain de leur provenance, bien qu'il incline pour une origine italiote.

CHAPITRE III.

MONNAIES SABELLIENNES, COLONIALES, IMPÉRIALES ET PROVINCIALES.

Nous avons vu que, sur les médailles campaniennes, des caractères italiens dénotent quelquefois une origine indépendante des colonies grecques, sans qu'il y ait pour cela lieu de nier l'influence exercée par l'art hellénique. Une observation semblable peut être faite au sujet du pays Samnite, dont nous avons vu d'ailleurs l'alphabet déborder hors de ses frontières comme la puissance du peuple qui s'en servait. La planche 67 nous donne, aux n°s 9, 10 & 11, trois médailles d'*Aisernia*. La première porte une tête casquée & un aigle ; les deux autres ont au droit une tête de Vulcain, & au revers un bige avec le nom des habitants de la cité. Nulle trace de domination romaine ne s'y fait sentir encore dans la légende ou les types ; mais l'alphabet est latin sur la seconde, à demi latin sur les deux autres, & l'influence des modèles grecs n'y paraît guère douteuse. Le n° 12 appartient à *Bénévent*.

M. Avellino (*Mus. Borb.*, II, 16) signale une grande ressemblance entre les monnaies albaines & celle qu'on trouve au n° 8 de la planche 67. Le loup du n° 11, tout fruste qu'il est & sans inscription, doit être le type du peuple hirpin (V. *Strab.*, V, 4, *sub fin.*), s'il n'appartient pas à la ville d'Arpi, en Apulie, comme le pensait Avellino (*Mus. Borb.*, III, 16). Quant au n° 10, la tête de Minerve, ayant au revers le taureau à face humaine avec la légende Trina, en caractères archaïques rétrogrades, ce ne doit pas être

I. A.　　　　　　　　　　　　　　　　　　　10

une monnaie de la Terina grecque du Brutium; le T sabellien & le
taureau y font obstacle, car nous ne retrouvons celui-ci ni dans les
pièces de Terina que nous avons vues, ni dans celles qu'a publiées
le duc de Luynes (*Méd. gr.*, IV, 14-18); toutes reproduisent la
figure de femme ailée, sauf une seule où le revers n'offre qu'une
tête humaine. La médaille examinée présentement & qui rappelle
les pièces campaniennes appartient plutôt à *Truentum*, sur le
Trimus, au N. de l'ancien Bovianum, cité importante que rappelle
peut-être le bœuf de cette petite ville. Je ne devine pas pourquoi
Avellino y voit Hyrium en Apulie.

Nous avons vu que, parmi les médailles apuliennes, il s'en
trouve de *Brundusium*, devenue colonie romaine; le moment est
venu de les décrire. La face est une tête de Neptune, reconnaissable au petit trident placé derrière elle, & un peu aussi, ce me
semble, à ses traits conventionnels. Le revers porte Arion sur son
dauphin, tenant sa lyre & un cyathe (8, 9, 11), jouant de la lyre (7)
ou bien encore portant une corne d'abondance & une petite effigie
de la Victoire; tous ces revers ont l'inscription BRVN ou BRV. La
forme du nom & celle des lettres indiquent que la domination & la
langue de Rome se sont déjà étendues jusque-là; pour le n° 7
d'ailleurs, le nom de la ville est remplacé par celui d'un magistrat
romain. Mais sur les quatre autres. & surtout sur celles d'un grand
module, le type grec des figures est bien conservé. Cette ville
passait (*Strab.*, VI, 3) pour avoir été fondée par les Crétois, dès les
temps héroïques; mais elle fut colonisée d'assez bonne heure par
les Romains.

Le mot Copia, en caractères latins archaïques, avec la corne
d'abondance, armes parlantes de la colonie, au revers d'un bifrons
barbu & lauré (pl. 77, 8), indique la colonie romaine de *Copia*,
fondée sur l'emplacement de Thurii, vers le commencement du
second siècle avant notre ère (V. Borghesi, *Osserv. numism.*, X, 2).
On trouve un peu plus haut (pl. 76, 12) à peu près le même revers
avec une tête de Mercure (V. Avellino, *Mus. Borb.*, V, 30). Ailleurs

(pl. 75, 6-7), nous avons des bronzes coloniaux de *Pæstum,*
P(æstanorum) S(emis) S(enatus), C(onsulto), frappés sous le duum-
virat de Q. Octavius & M. Eguatius, avec la tête d'Auguste au
droit, fait tout à fait exceptionnel, dit M. Avellino, parmi les
médailles des villes d'Italie (*Mus. Borb.,* V, 15). Le n° 4 porte aussi,
au revers, un nom romain CNEVS, & les initiales de Pœstum, au
n° 5, sont en caractères latins plus ou moins archaïques. Pour le
n° 2, au revers duquel est le taureau de Posidonia, non plus cornupète, mais courant, M. Avellino (*Mus. Borb., ubi supra*) propose
de lire, au droit, C(aius) AX(ius), nom d'un magistrat de la colonie
romaine.

En tête de la planche 67 nous voyons une monnaie provinciale
d'Espagne, ayant au revers une Victoire, & au droit une tête
stéphanée que M. Avellino (*Mus. Borb.,* VI, 16) croit appartenir à
Diane. Serait-ce un souvenir de Sertorius ? Le n° 3 appartient aussi
à l'Espagne romaine ; on y lit, au revers d'une effigie de Tibère, le
nom de Bilbilis, en Tarraconaise ; les lettres C. S. (Senatus-Con-
sulto) rappellent que, dans les provinces sénatoriales au moins, la
monnaie de bronze, comme l'est celle-ci, était encore frappée au
nom du sénat ; cette distinction existait aussi sous la république à
l'égard des monnaies autonomes des peuples conquis ; presque
toutes sont seulement de bronze (F. Lenormant, *Essai sur l'organisation de la monnaie dans l'antiquité,* III, 4-5). Le n° 2 est aussi
de Tibère, &, quoique le nom de la ville y soit à peu près effacé ;
l'archéologue italien la rapporte aussi à Bilbilis, comme il rapporte
à Tarragone, capitale de la province, le n° 4 où on lit IMP(erator)
CAES(ar) AVG(ustus) TR(ibunitia) POT(estate), PONT(ifex) M(axi-
mus). Le n° 5 porte, au revers de l'effigie de Tibère, celles de Néro
& Drusus, deux des fils de Germanicus ; M. Avellino les signale
ici comme Duumvirs honoraires de Cæsaraugusta (Saragosse), à
laquelle, dit-il, cette monnaie appartient. Le petit bronze n° 6, à la
corne d'abondance ayant, au droit, une tête à coiffure étrangère
avec les syllabes CABE, est rapporté à Cabellio, en Gaule, comme

le n° 7 à la cité des Trévires. Peut-être aussi faut-il reconnaître Vesuntio (Besançon) dans la VESVNO que l'on trouve plus haut (pl. 66, n° 11), avec un Hercule au revers d'une tête de Mercure accompagnée d'une légende barbare impossible à prononcer & peut-être mal gravée. M. Lenormant (III, 5, 9) a noté ce fait, que les monnaies autonomes & sénatoriales disparaissent partout à partir d'Aurélien, sauf la ville d'Alexandrie qui conserva son monnayage quelques années de plus, les types des cités n'ayant d'ailleurs paru qu'au revers durant l'empire romain, à l'exception d'Athènes & d'un très-petit nombre d'autres villes.

FIN DU DEUXIÈME VOLUME.

TABLE DES MATIÈRES

DU SECOND VOLUME.

LIVRE PREMIER.

OBJETS DIVERS D'USAGE DOMESTIQUE.

LIVRE DEUXIÈME.

REPRÉSENTATIONS RELIGIEUSES; OBJETS FUNÉRAIRES.

LIVRE TROISIÈME.

SCULPTURES ET MOSAÏQUES.

LIVRE QUATRIÈME.

MÉDAILLES.

PARIS. — J. CLAYE, IMPRIMEUR, RUE SAINT-DENOIT, 7.

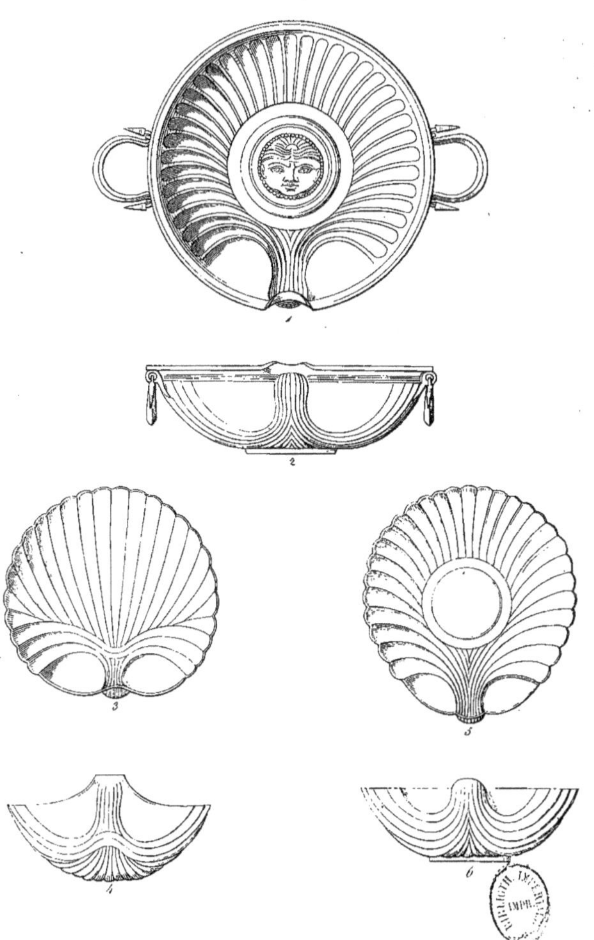

MOVLES EN BRONZE

Imp. Lemercier, Paris

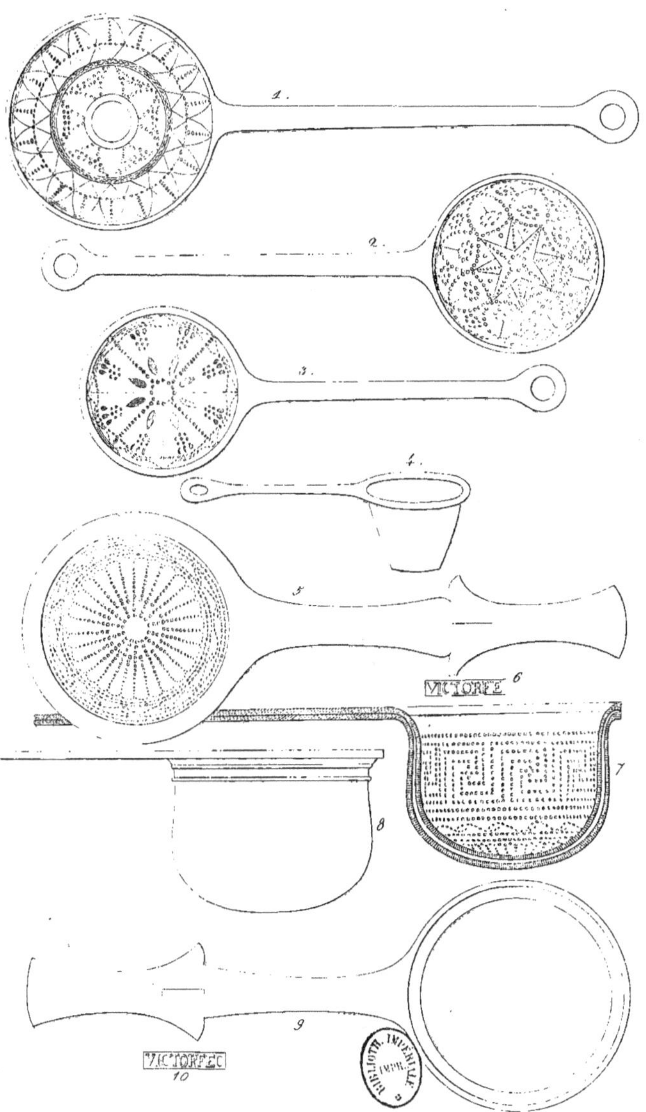

VSTENSILES DIVERS EN BRONZE

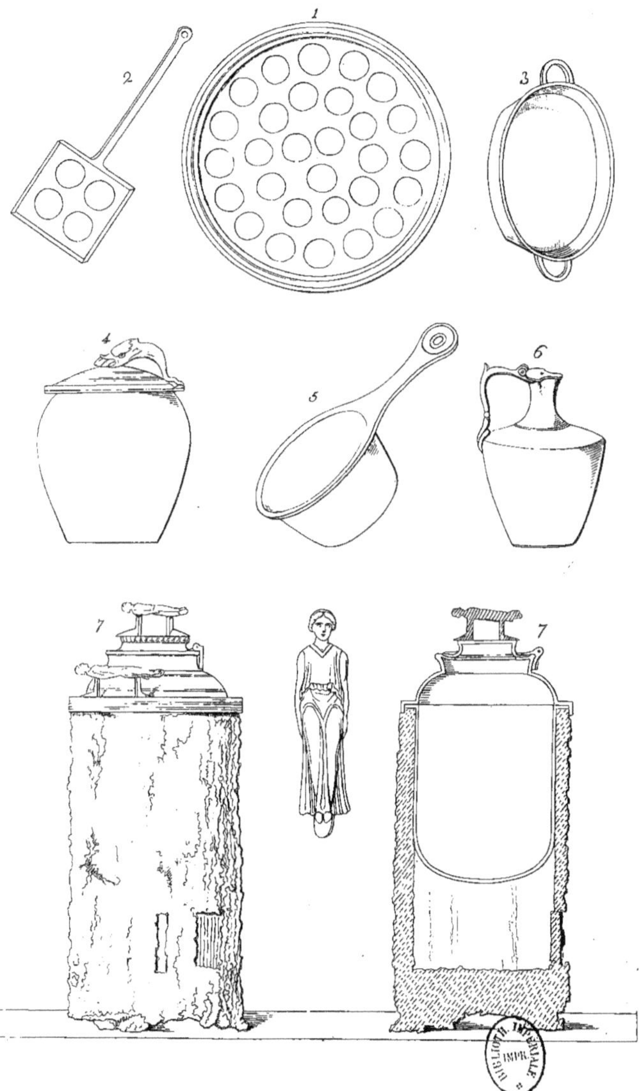

USTENSILES EN BRONZE

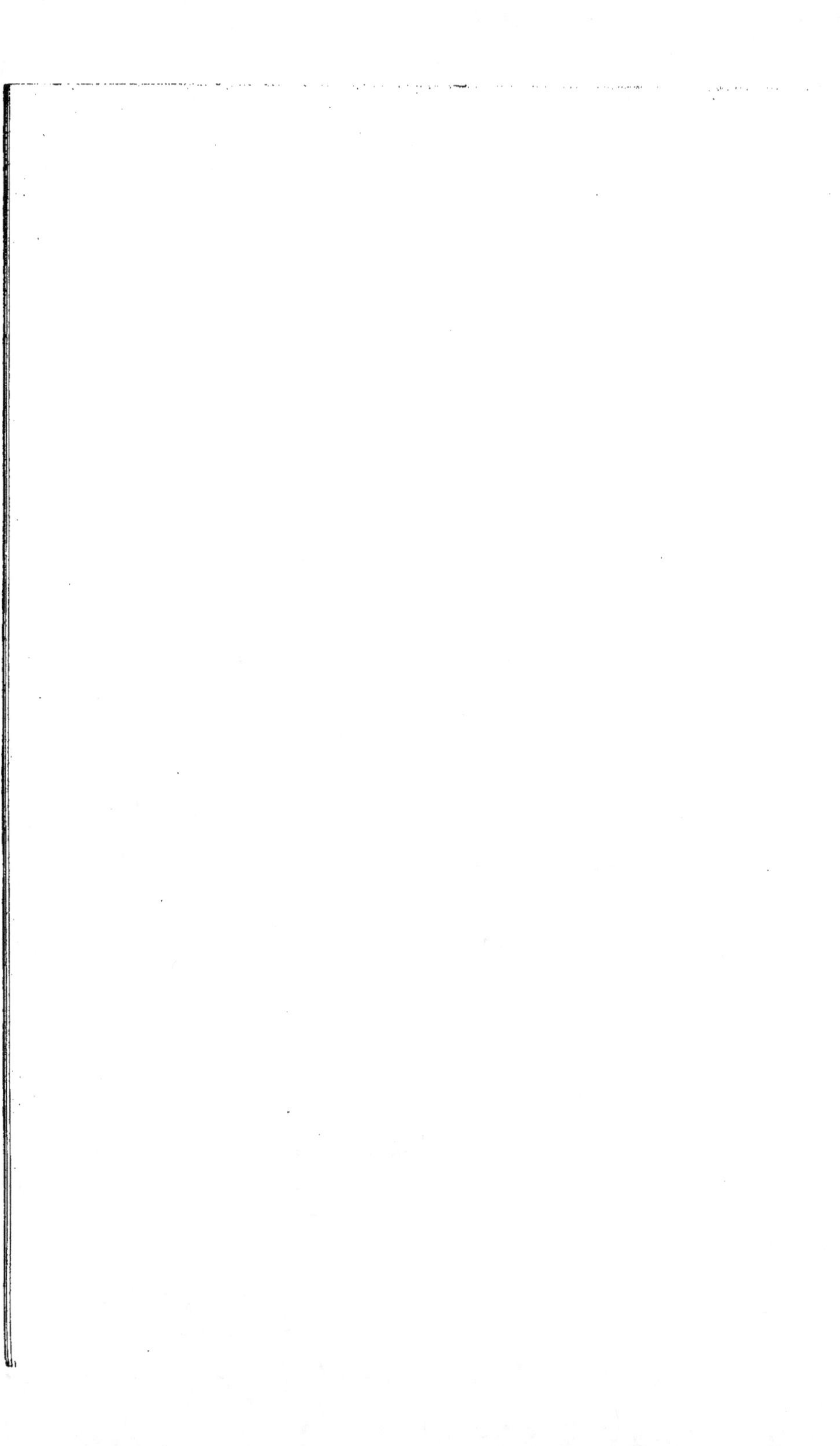

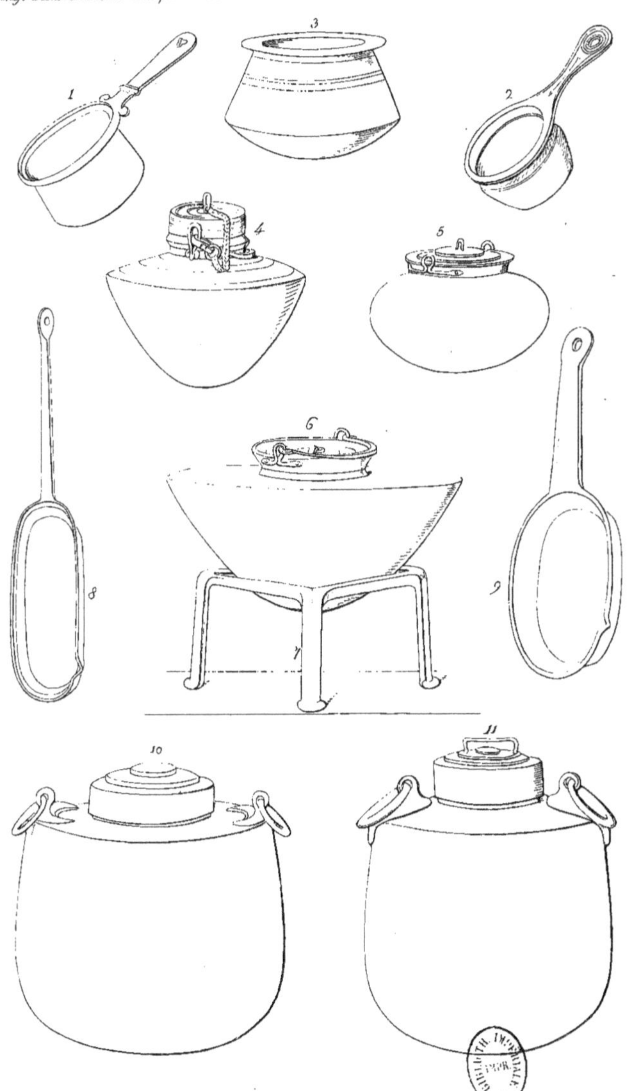

VSTENSILES EN BRONZE

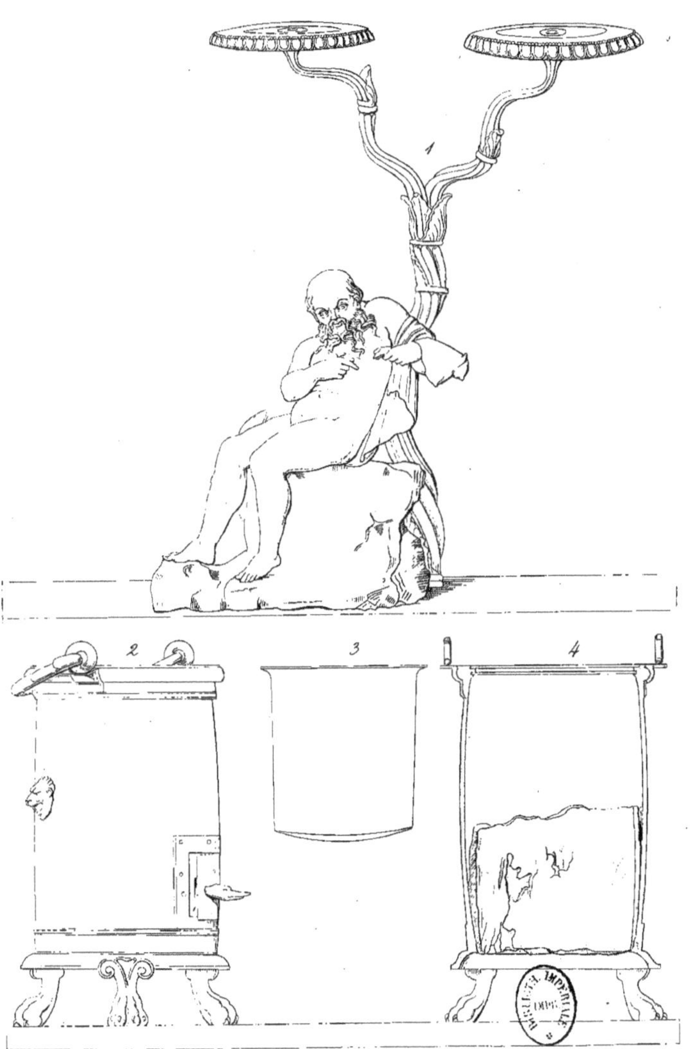

1. CANDÉLABRE. — 2,3,4, FOVRNEAV ET DÉTAILS

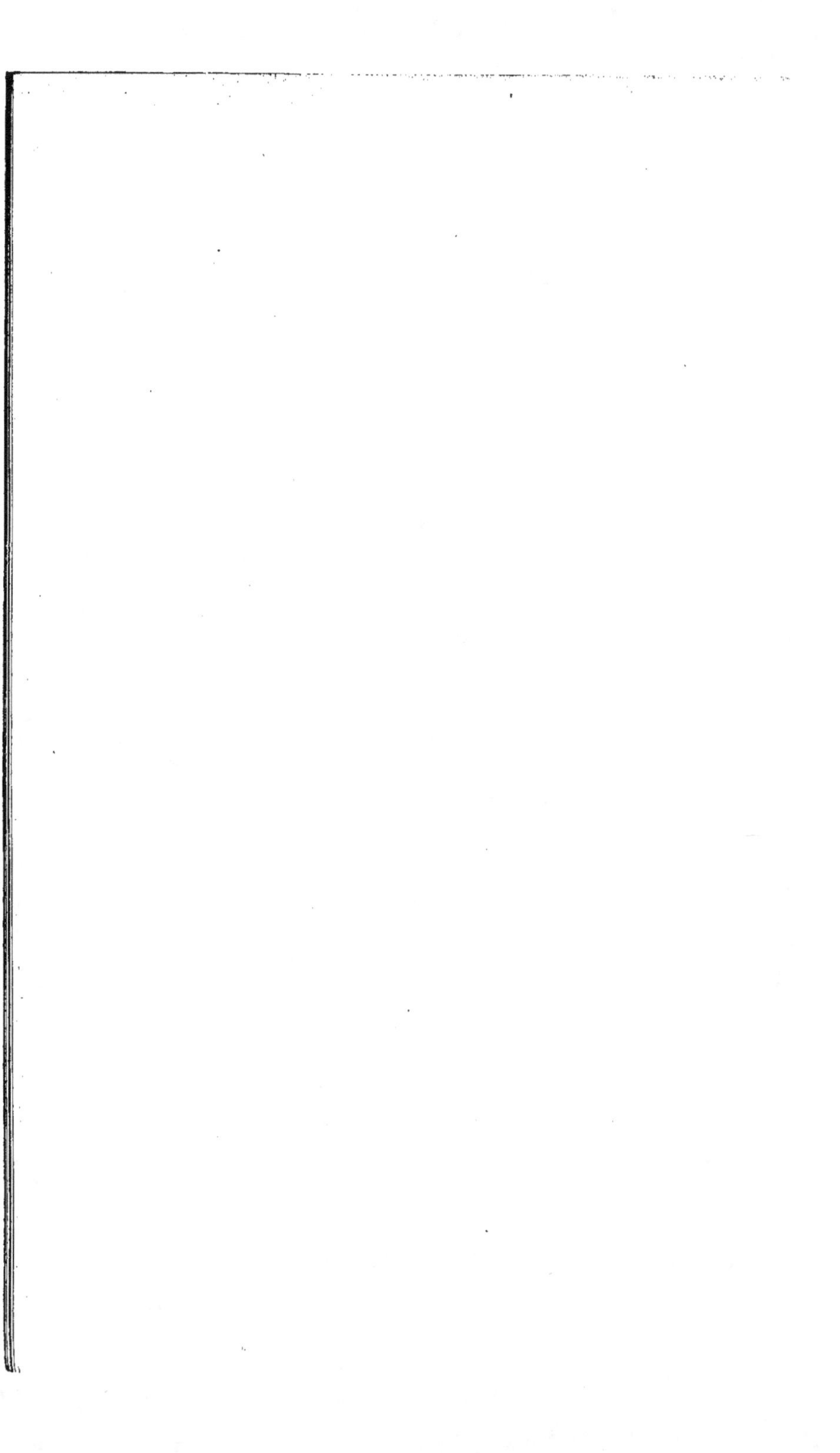

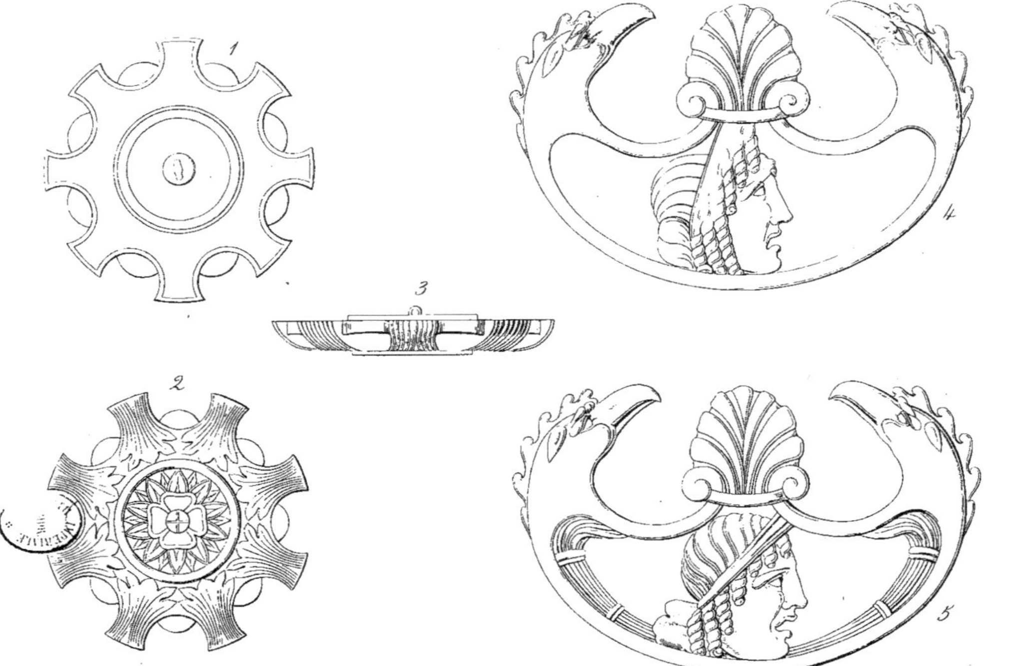

1, 2, 3, PLATEAU EN BRONZE.__ 4, 5, ÉCU EN MARBRE

Imp. Lemercier, Paris

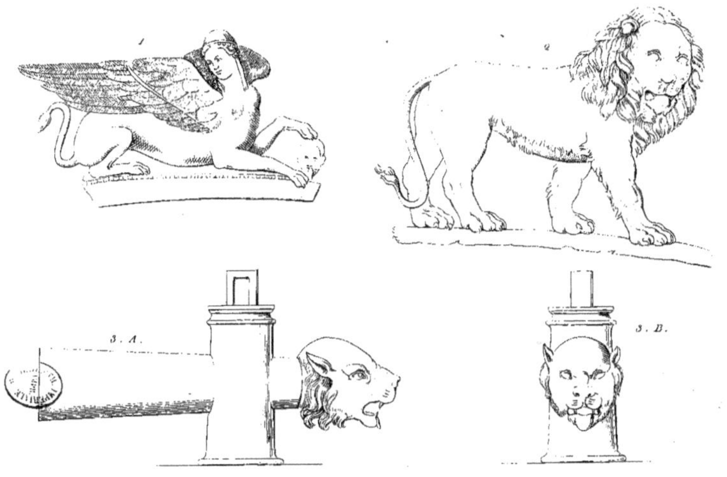

ORNEMENTS EN BRONZE

Imp. Lemercier, Paris

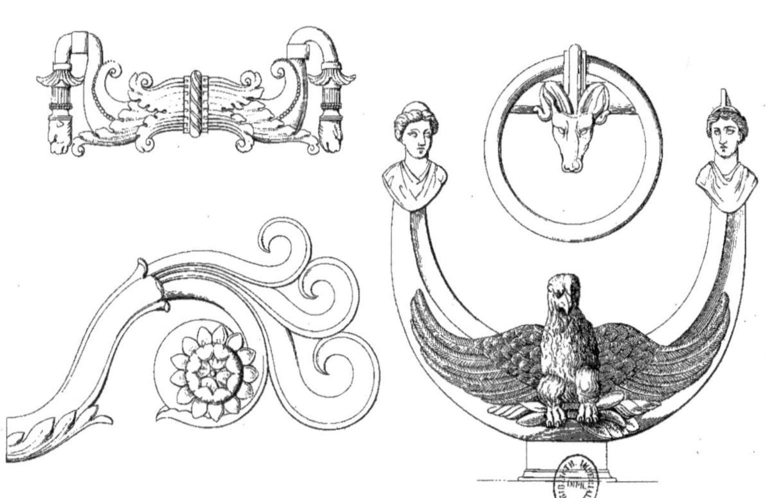

ORNEMENTS EN BRONZE

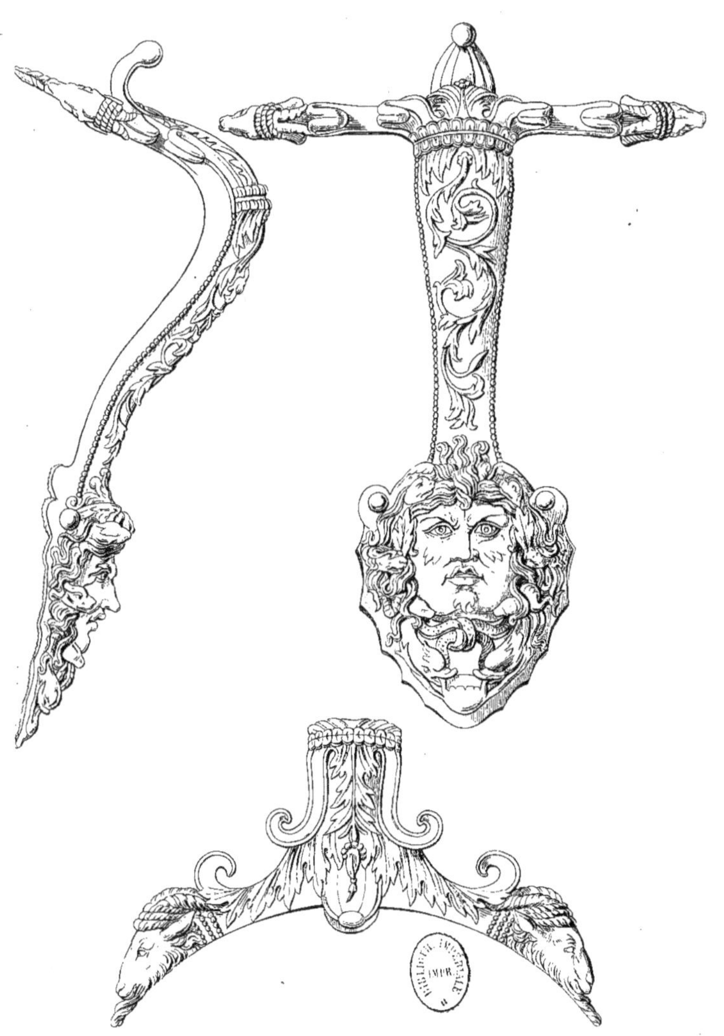

ORNEMENTS EN BRONZE

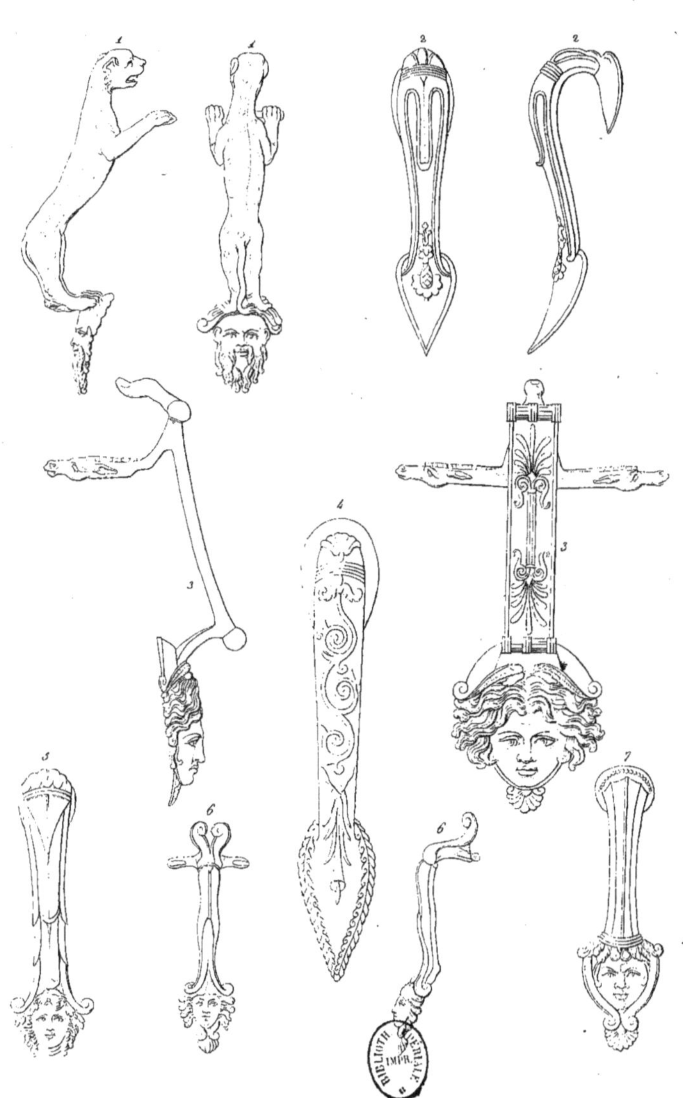

ORNEMENTS EN BRONZE

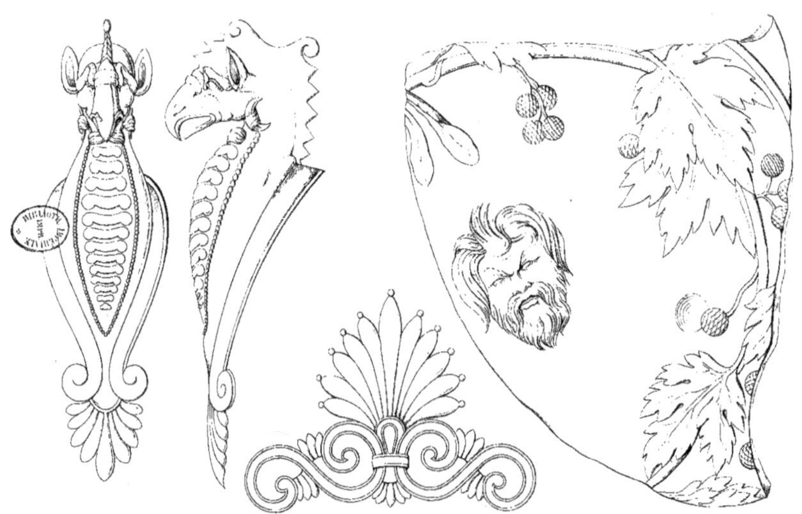

FRAGMENTS EN VERRE

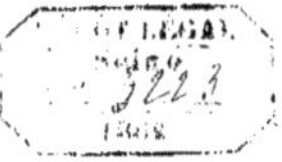

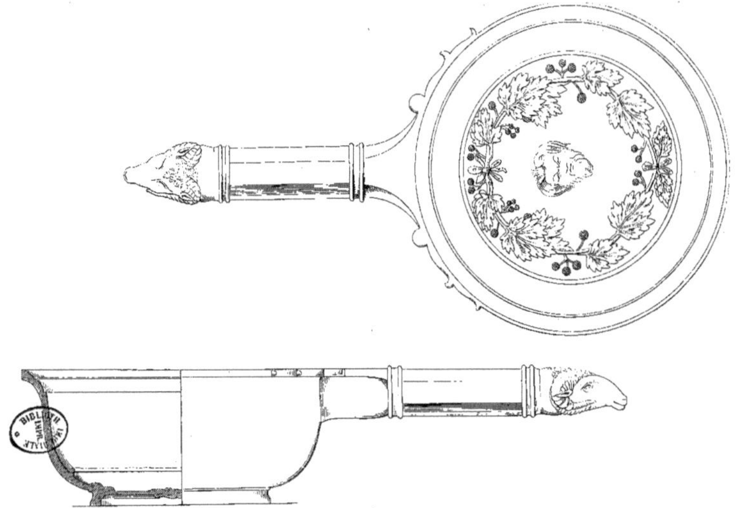

PATÈRE EN VERRE

Imp. Lemercier, Paris.

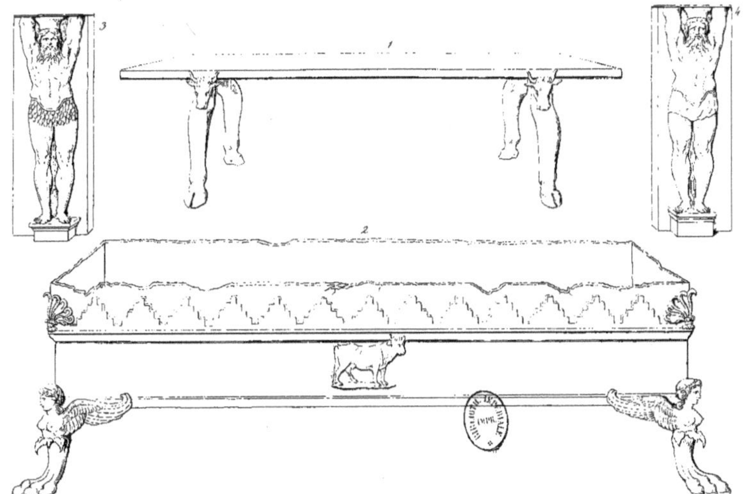

1. BANC EN BRONZE. 2. BRASIER EN BRONZE. 3.4. TELAMONS EN TERRE CVITE

Imp. Lemercier, Paris.

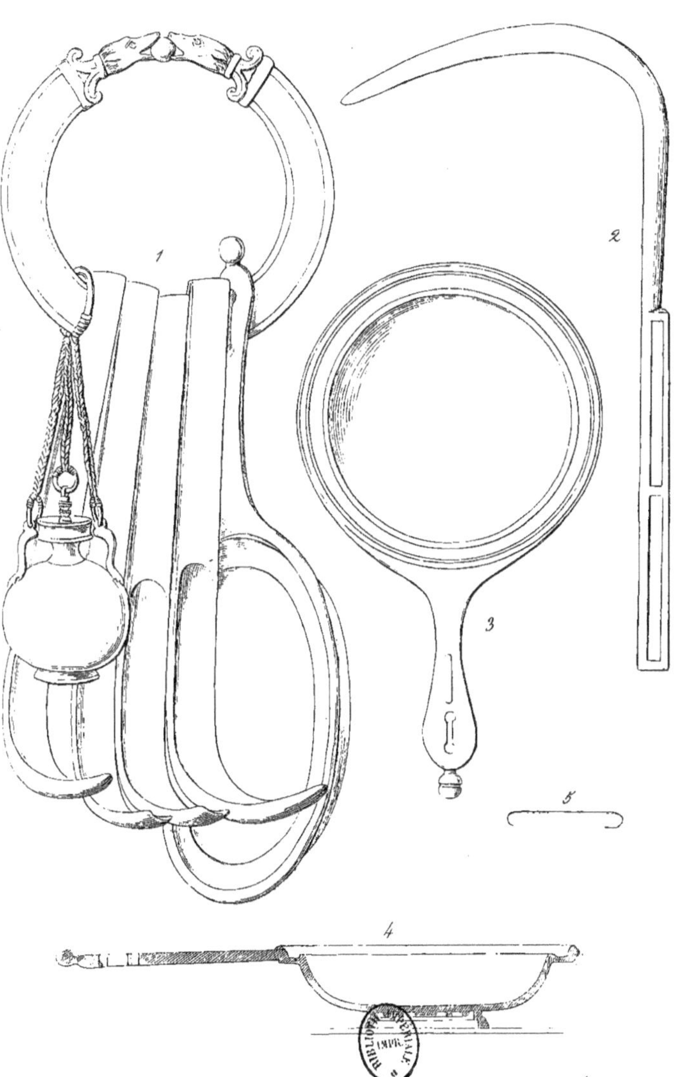

VSTENSILES EN BRONZE

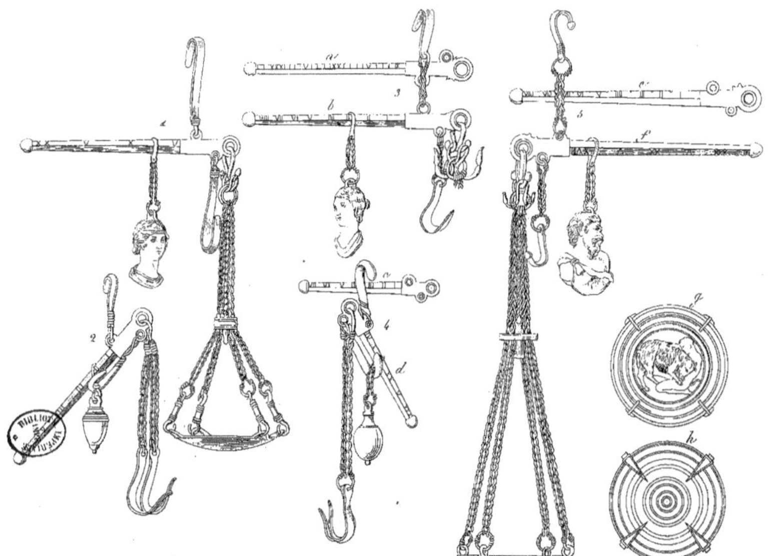

BALANCES ROMAINES EN BRONZE

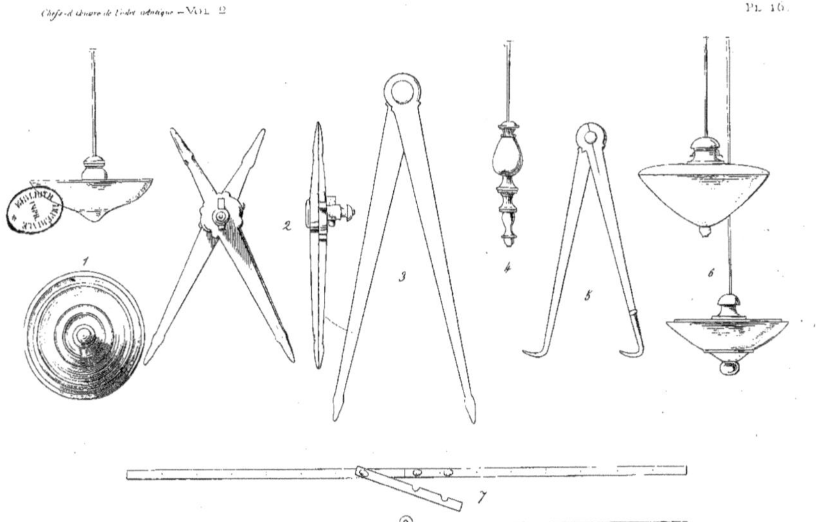

INSTRVMENTS DE PRÉCISION EN BRONZE

Imp. Lemercier, Paris

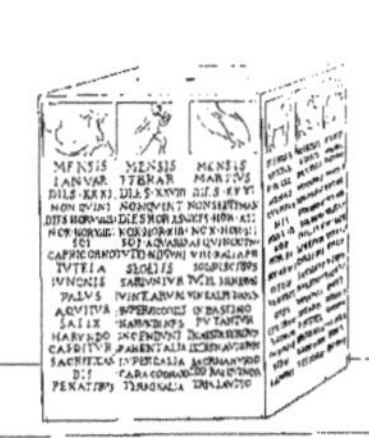

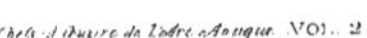

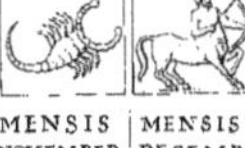

Roman rustic calendar — twelve monthly columns:

MENSIS IANVAR	MENSIS FEBRAR	MENSIS MARTIVS	MENSIS APRILIS	MENSIS MAIVS	MENSIS IVNIVS	MENSIS IVLIVS	MENSIS AVGVST	MENSIS SEPTEMBER	MENSIS OCTOBER	MENSIS NOVEMBER	MENSIS DECEMB
DIES·XXX	DIES·XXVIII	DIES·XXXI	DIES·XXX	DIES·XXXI	DIES·XXX	DIES·XXXI	DIES·XXXI	DIES·XXX	DIES·XXXI	DIES·XXX	DIES·XXXI
NONQVINT	NONQVINT	NONSEPTIMAN	NONAE	NONSEPTIM	NOX·QVINT	NONAE	NONQVINT	NONQVINT	NONAE	NONQVINT	NONQVINT
DIES·HOR·VIIIS	DIES·HOR·XS	DIES·HOR·XII	QVINTAN	DIES·HOR·XIIIS	DIES·HOR·XV	SEPTIMAN	DIES·HOR·XIII	DIES·HOR·XII	SEPTIMAN	DIES·HOR·VIIIS	DIES·HOR·VIIII
NOX·HOR·XIIII	NOX·HOR·XIII	NOX·HOR·XII	DIES	NOX·HOR·VIIIS	NOX·HOR·VIIII	DIES	NOX·HOR·XI	NOX·HOR·XII	DIES	NOX·HOR·XIIII	NOX·HOR·XV
SOL	SOL·AQVARIO	AEQVINOCTIVM	HOR·XIIIS	SOL·TAVRO	SOLIS·IN·SISTITIVM	HORARVM	SOL·LEONE	AEQVINOCT	HOR·XS	SOL	SOL·SAGITT
CAPRICORNO	TVTEL·NEPTVNI	VIII·KAL·APR	NOX	TVTEL·APOLLIN	VIII·KAL·IVL	XIIIIS	TVTEL·CERER	VIII·KAL·OCT	NOX	SCORPIONE	TVTEL·VESTAE
TVTELA	SEGETES	SOL·PISCIBVS	HOR·XS	SEGE·TRVNCANT	SOL·GEMINIS	NOX·HOR	PAVS·PARAT	SOL·VIRGINE	HOR·XIIIS	TVTELA	HEMPS·NITIV
IVNONIS	SARIVNTVR	TVTEL·MINERVAE	SOL·ARIETE	OVES·TVNDVNT	TVTELA	VIIIIS	MESSIS	TVTELA	SOL	DEANAE	SIVE·TROPAE
PALVS	VINEARVM	VINIAE·PEDAMIN	TVTELA	LANA·LAVATVR	MERCVRI	SOL·CANCR	FRVMENTAR	VOLCANI	LIBRA	SEMENTES	CHIMERIN
AQVITVR	SVPERFIC·COLIT	IN·PASTINO	VENERIS	IVVENCI·DOMAN	FAENISICIVM	TVTELA	ITEM	DOLEA	TVTELA	TRITICARIAE	VINEAS·STERC
SALIX	HARVNDINES	PVTANTVR	OVES	VICEA·PABVLAR	VINIAE	IOVIS	TRITICAR	PICANTVR	MARTIS	EI·HORDIAR	FABA·SERENES
HARVNDO	INCENDVNT	TRIMESTR·SERITVR	LVSTRANTVR	SECATVR	OCCANTVR	MESSES	STVPVLAE	POMA·LEGVNT	VINDEMIAE	SCROBATIO	MATERIAS
CAEDITVR	PARENTALIA	ISIDIS·NAVIGIVM	SACRVM	SEGETES	SACRVM	HORDIAR	INCENDVNT	ARBORVM	SACRVM	ARBORVM	DEICIENTES
SACRIFICAN	LVPERCALIA	SACR·MAMVRIO	PHARIAE	LVSTRANTVR	HERCVLI	ET·FABAR	SACRVM·SPEI	OBLAQVIATIO	LIBERO	IOVIS	OLIVA·LEGENT
DIS	CARA·COGNATO	LIBERAL·QVINQ'A	ITEM	SACRVM·MERCVR	FORTIS	APOLLINAR	SALVTI·DEANAE	EPVLVM		EPVLVM	ITEM·VENAN
PENATIBVS	TIRMINALIA	TRIA·LAVATIO	SARAPIA	ET·FLORAE	FORTVNAE	NEPTVNAL	VOLCANALIA	MINERVAE		HEVRESIS	SATVRNALIA

CALENDRIER

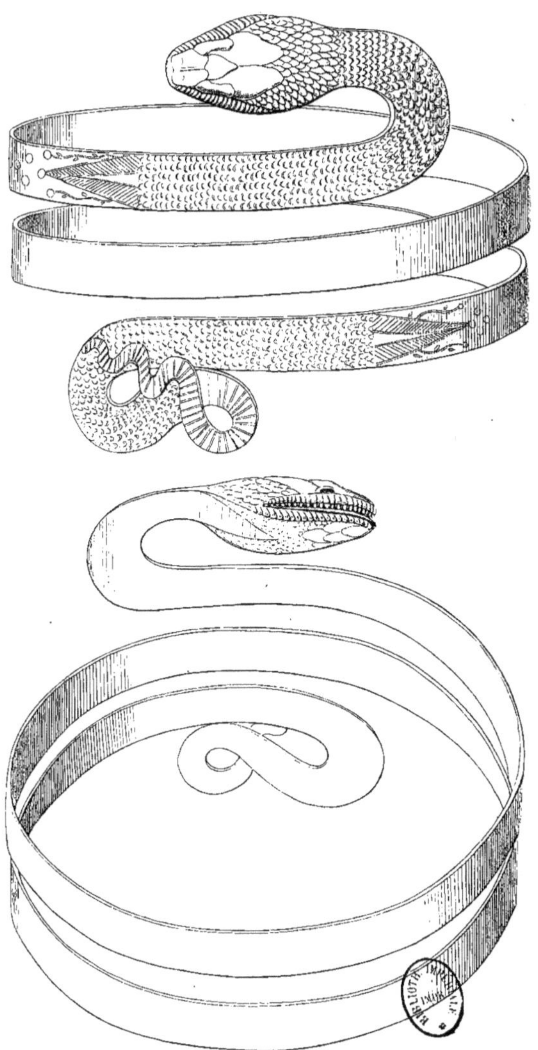

BRACELETS EN OR

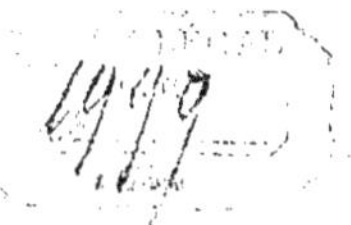

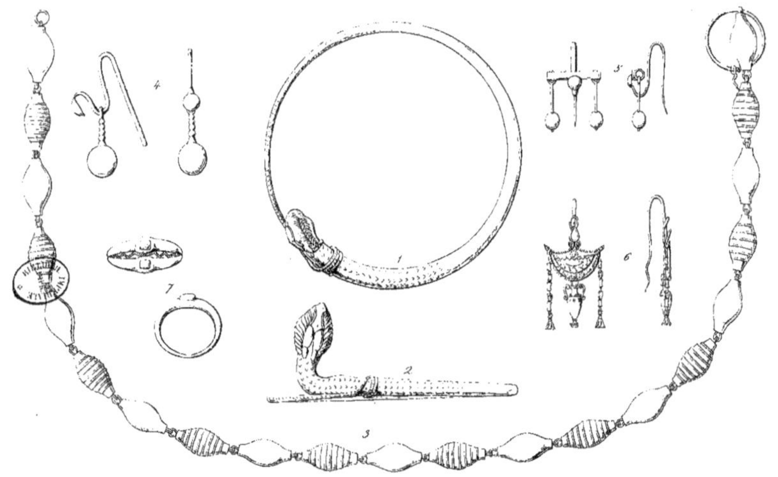

1.2. Bracelet — 3. Collier — 4.5.6. Pendants d'oreille — 7. Bague.

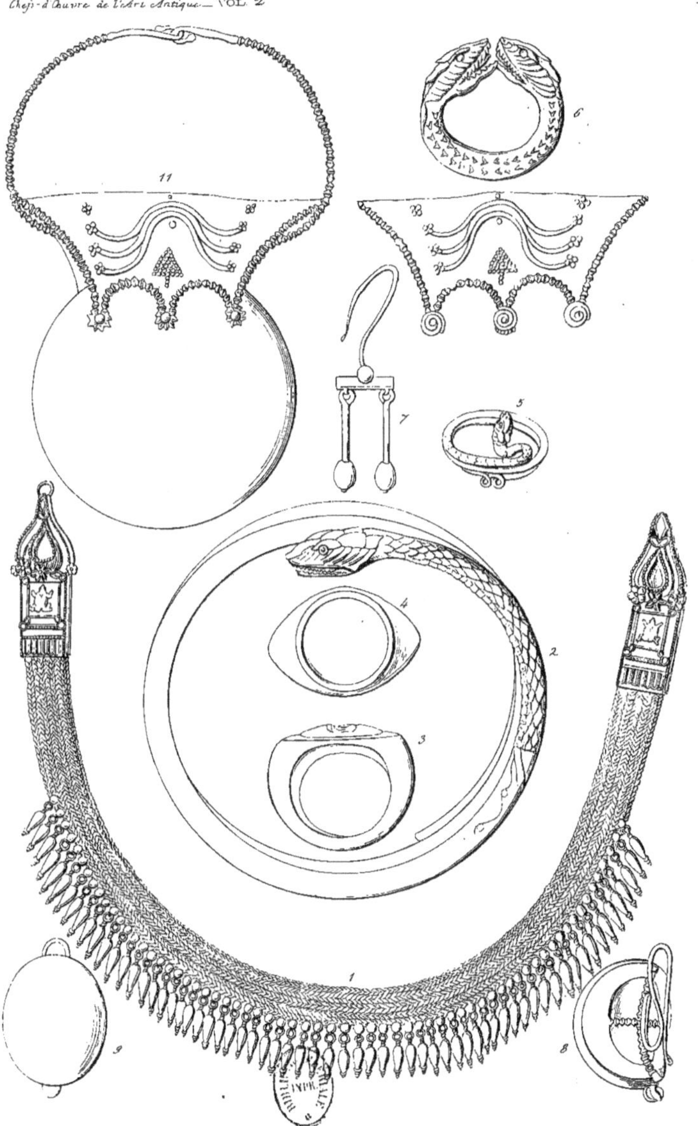
JOYAVX   ANTIQVES

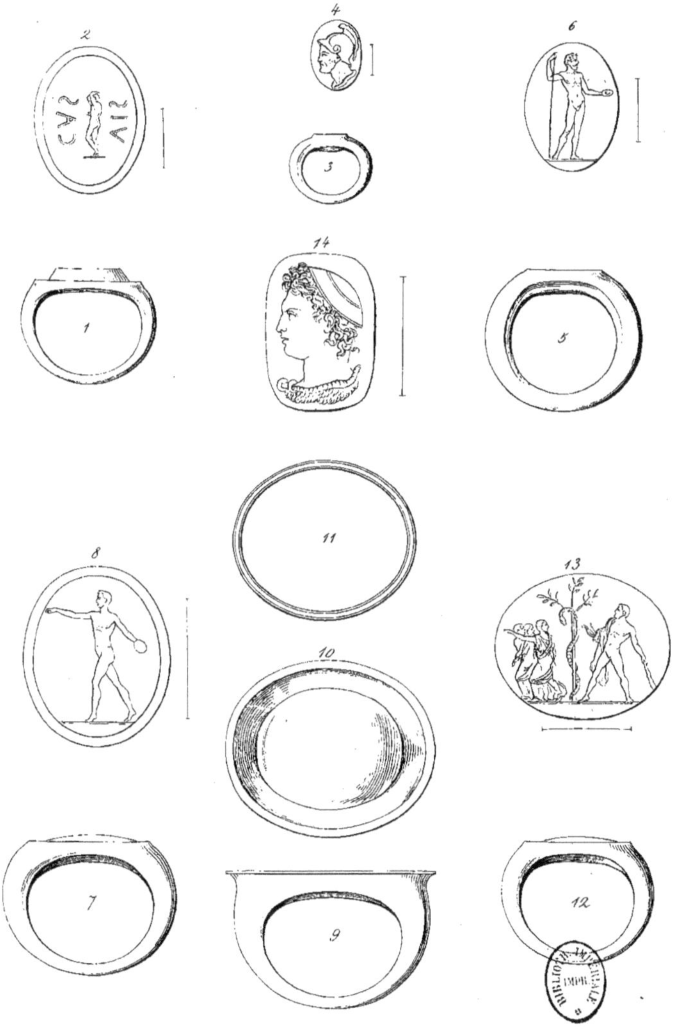

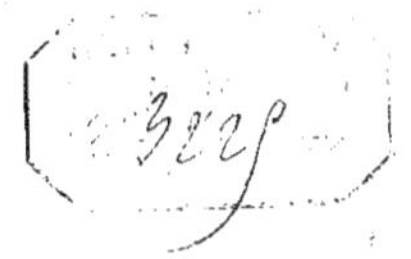

ANNEAVX EN OR ET PIERRE PRÉCIEVSE

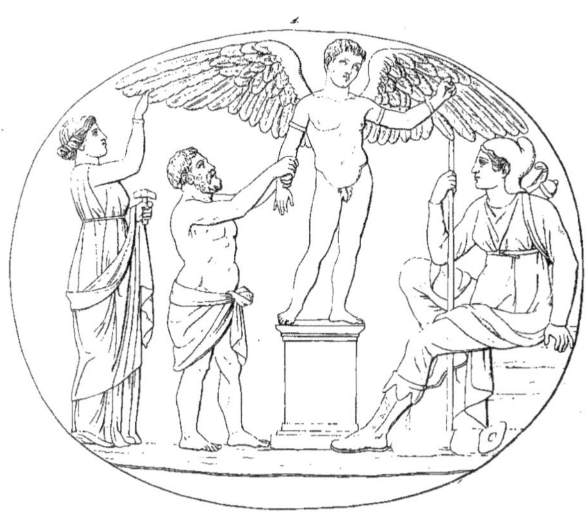

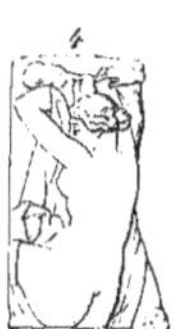

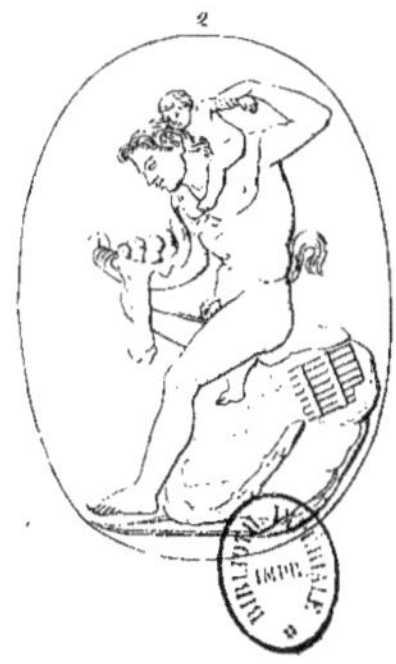

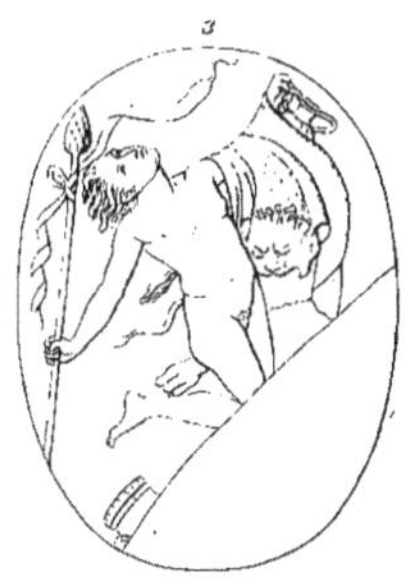

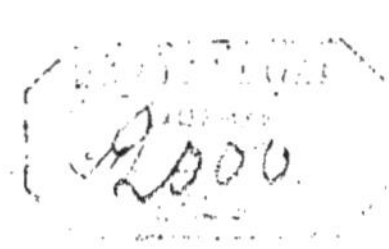

CAMÉES

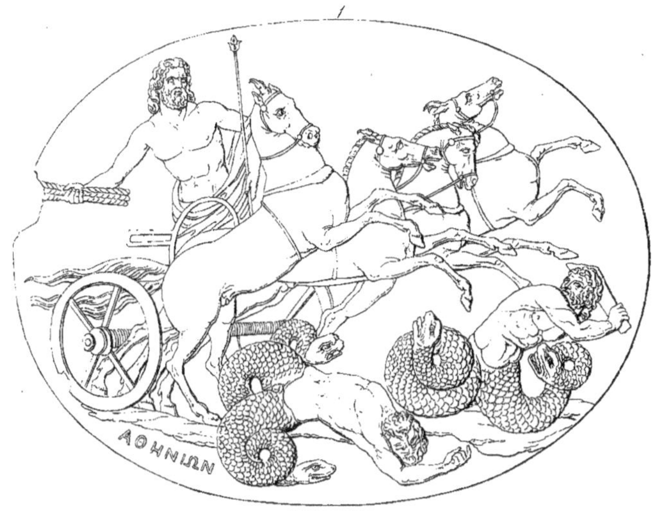

1

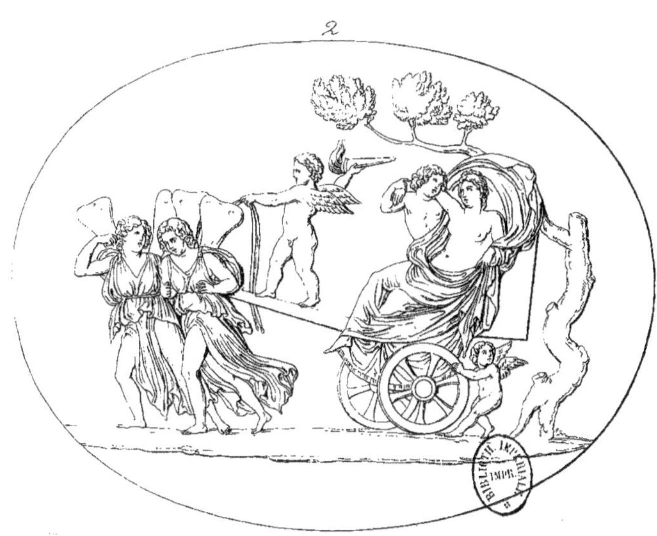

2

CAMÉES

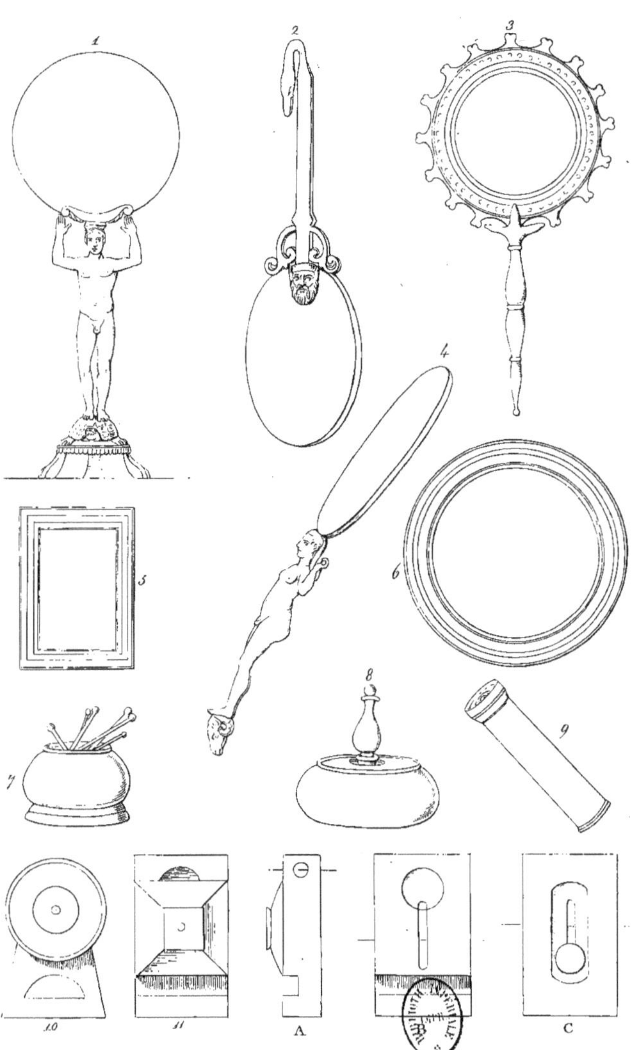

DIVERS OBJETS A L'USAGE DES ROMAINES

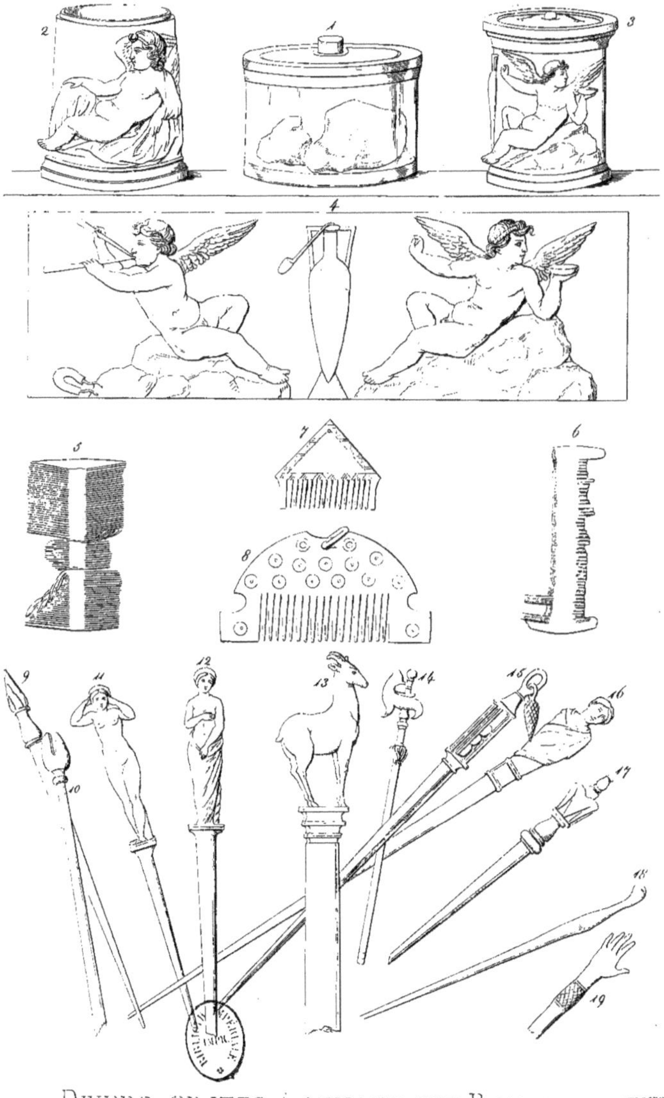

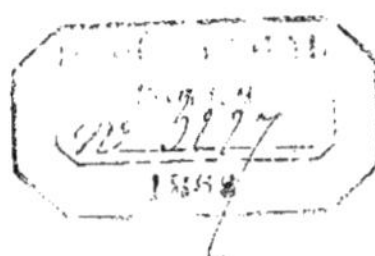

DIVERS OBJETS À L'VSAGE DES ROMAINES

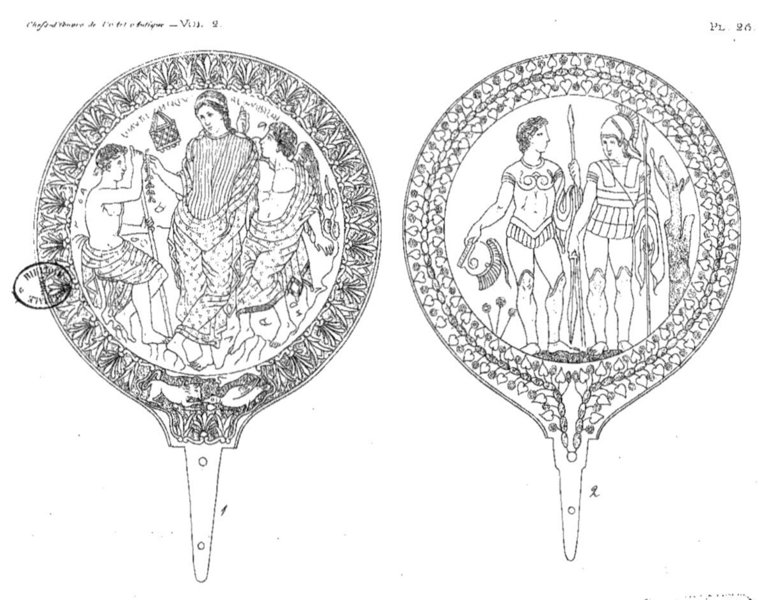

MIROIRS ÉTRVSQVES

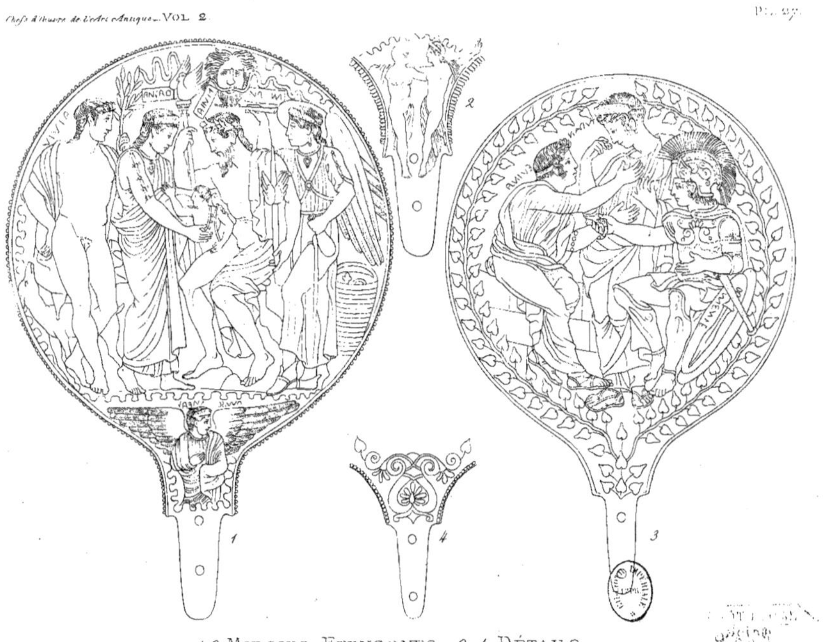

1. 2. MIROIRS ETRVSQVES _ 2. 4. DÉTAILS

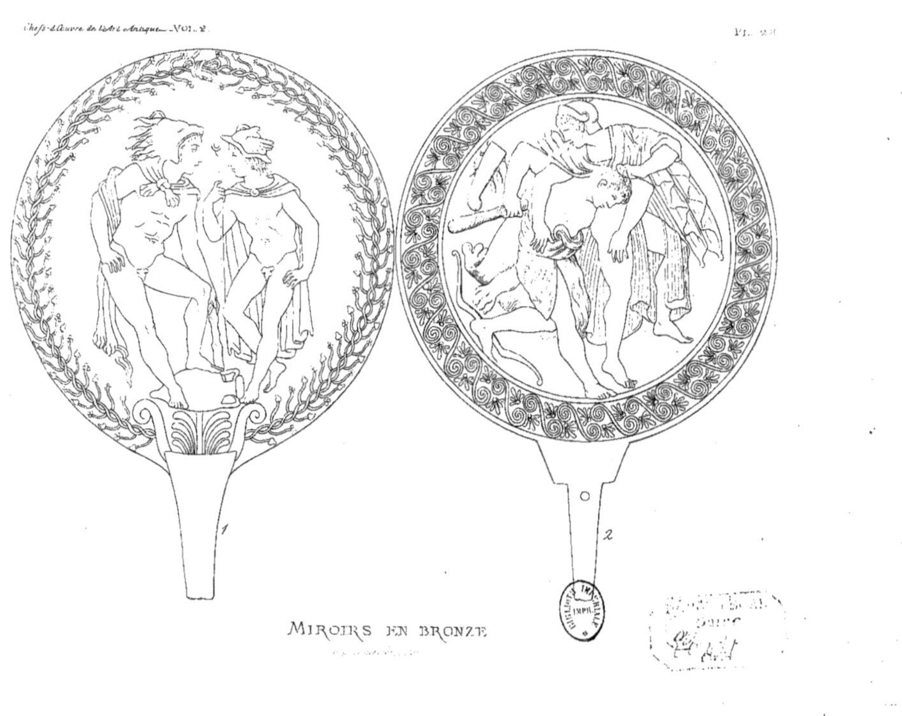

MIROIRS EN BRONZE

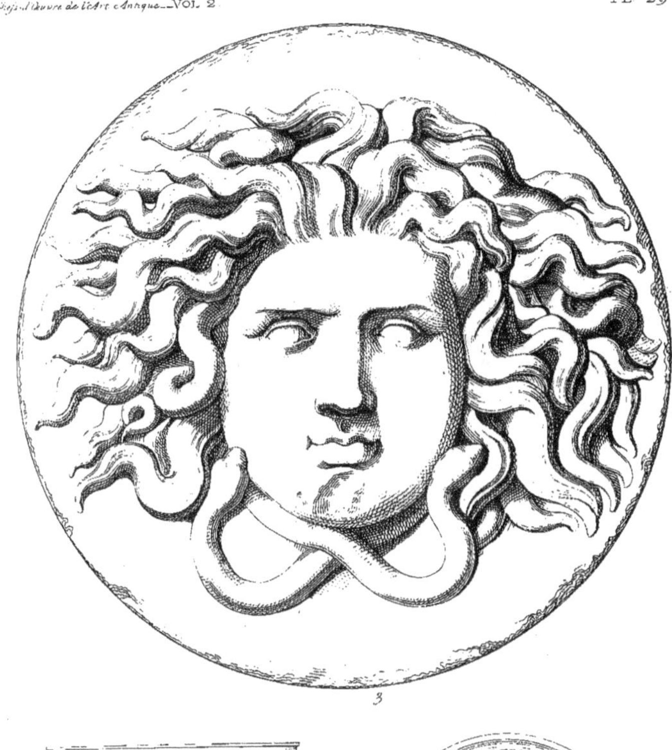

3

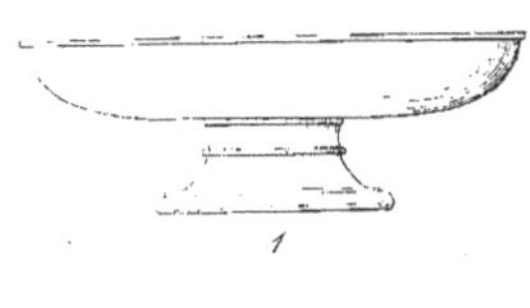

1

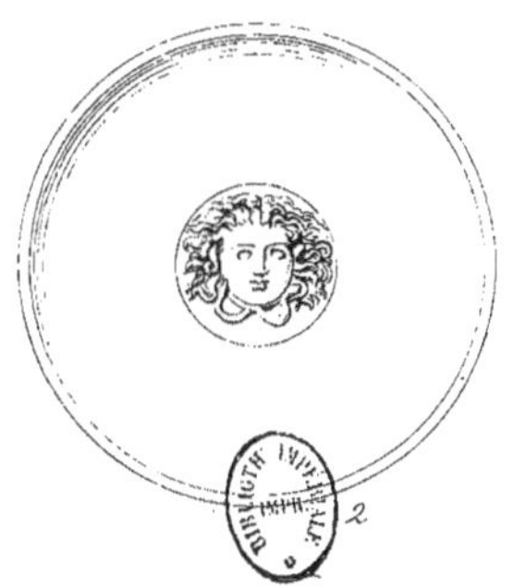

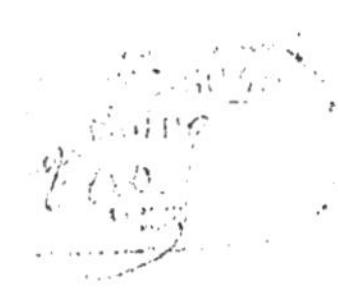

COVPE

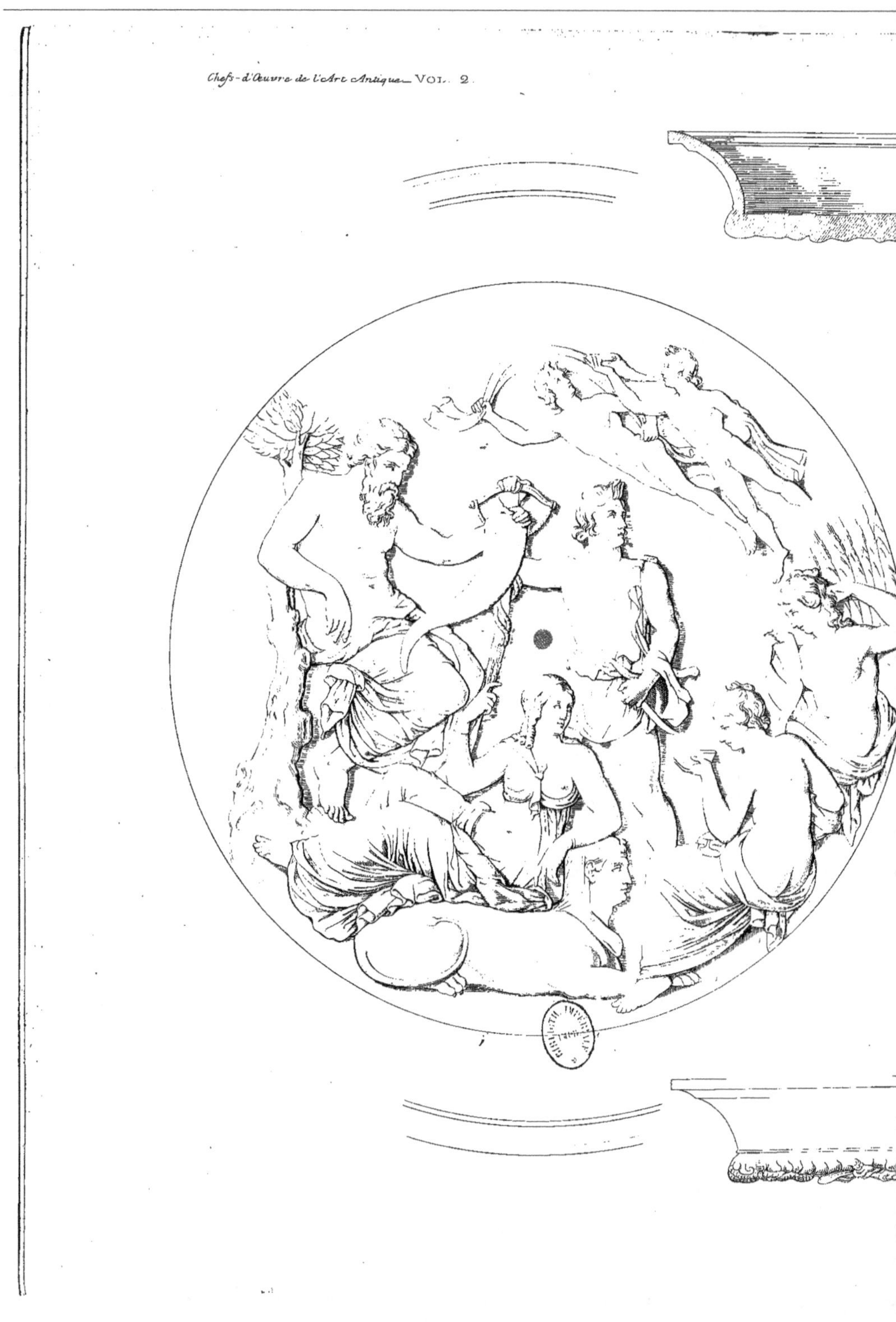

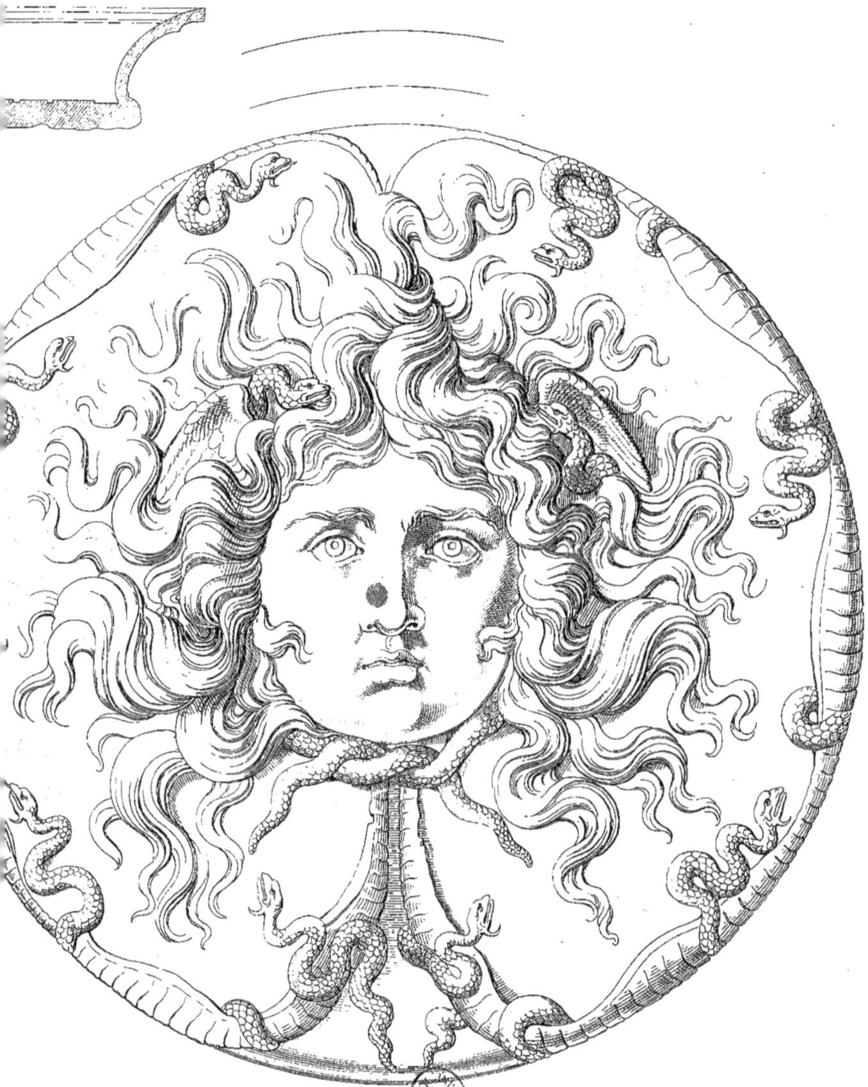

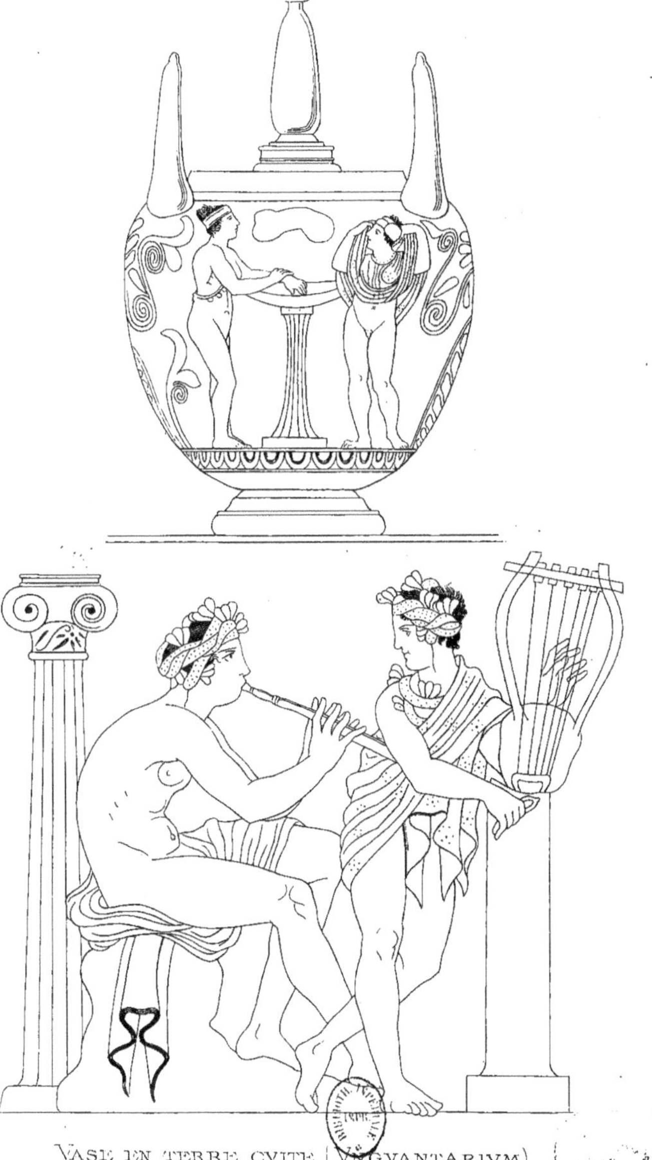

VASE EN TERRE CUITE (VNGVANTARIVM)

Imp. Lemercier, Paris

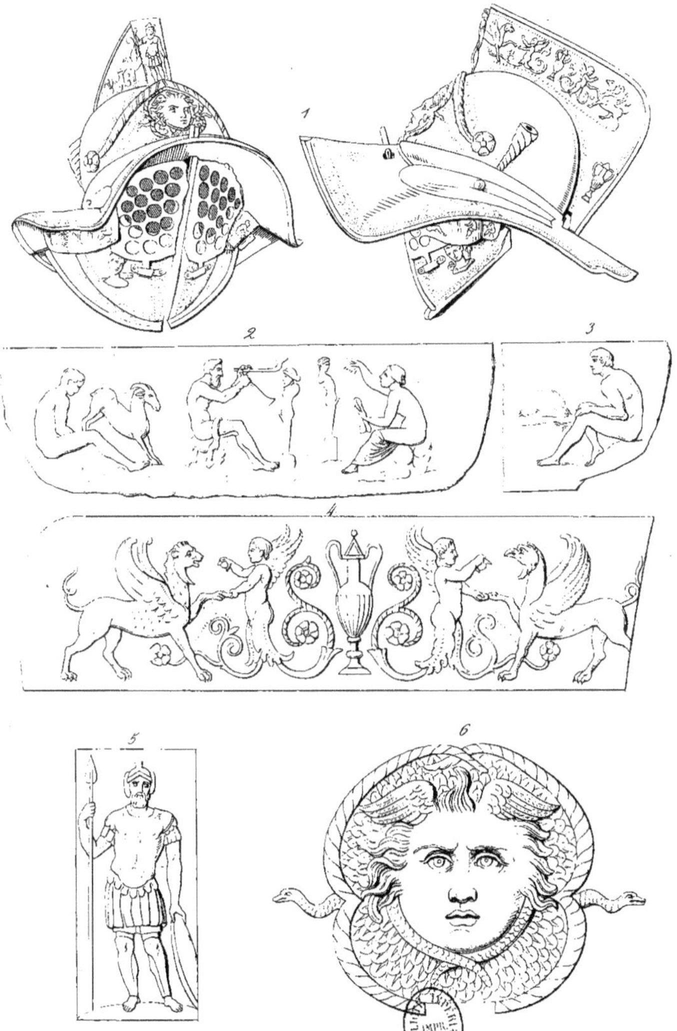

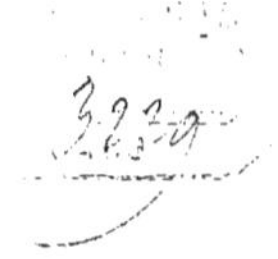

CASQVE EN BRONZE ET DÉTAILS

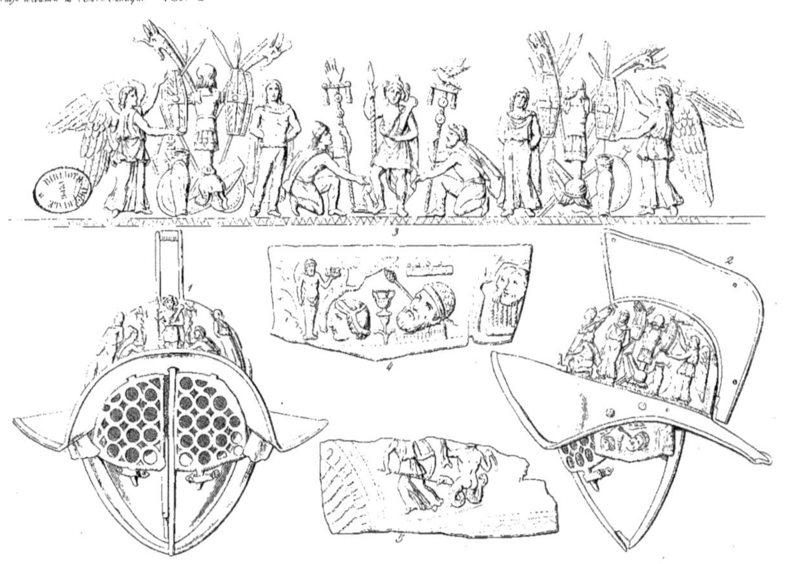

1,2, CASQVE EN BRONZE _ 3,4,5, DÉTAILS

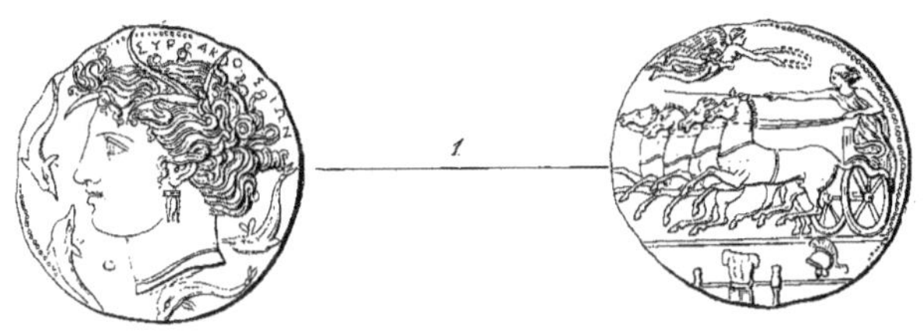

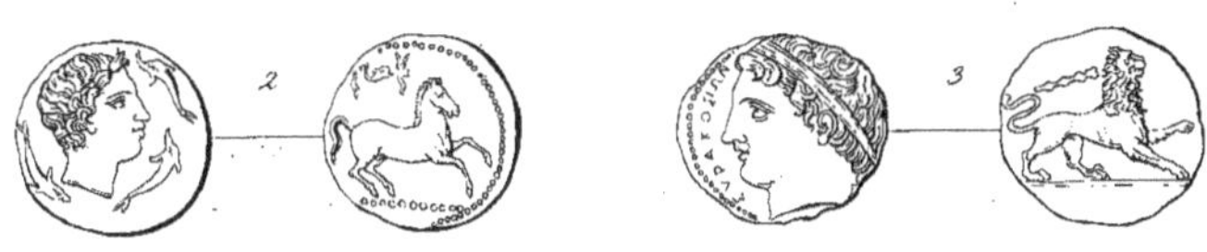

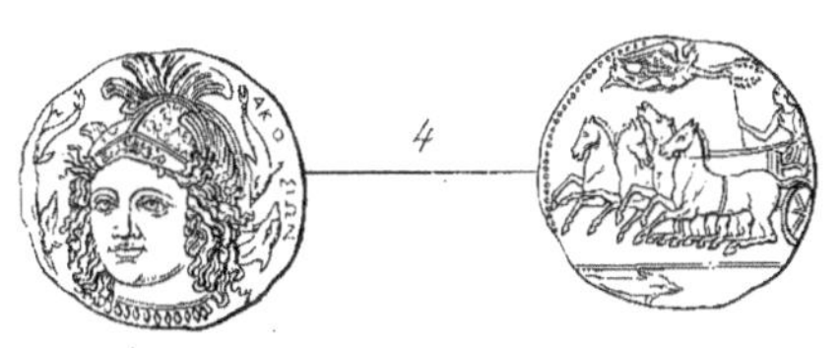

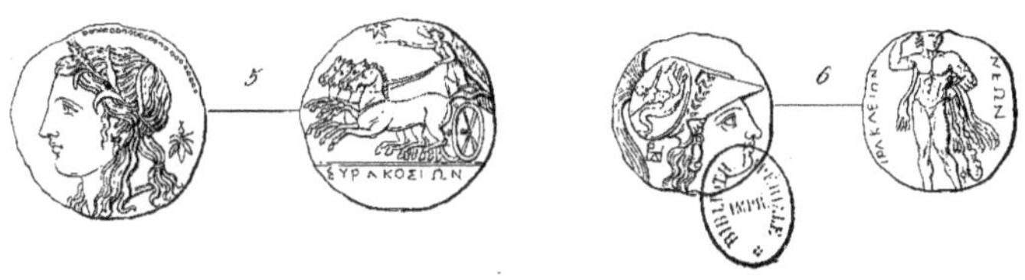

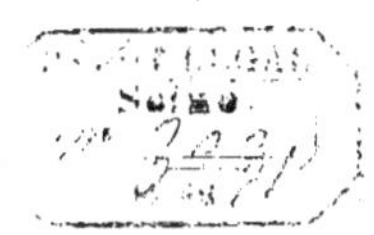

MONNAIES ANTIQVES

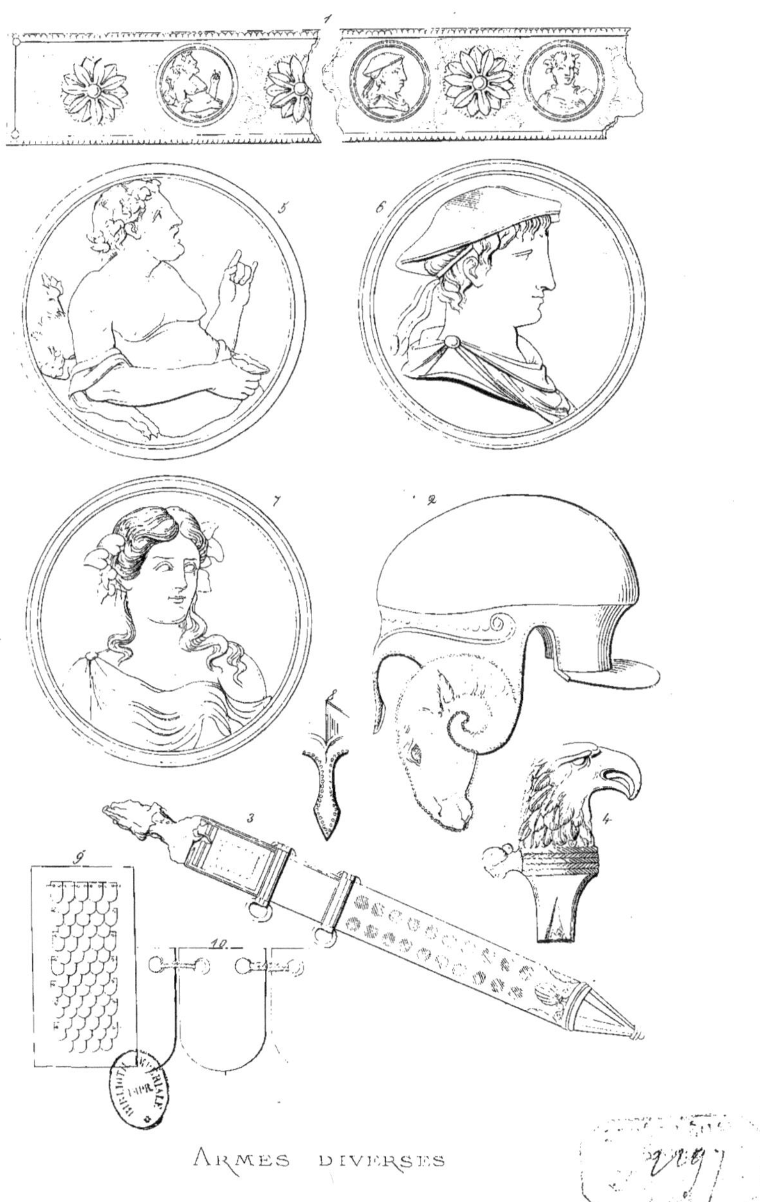

ARMES DIVERSES

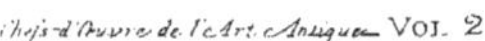

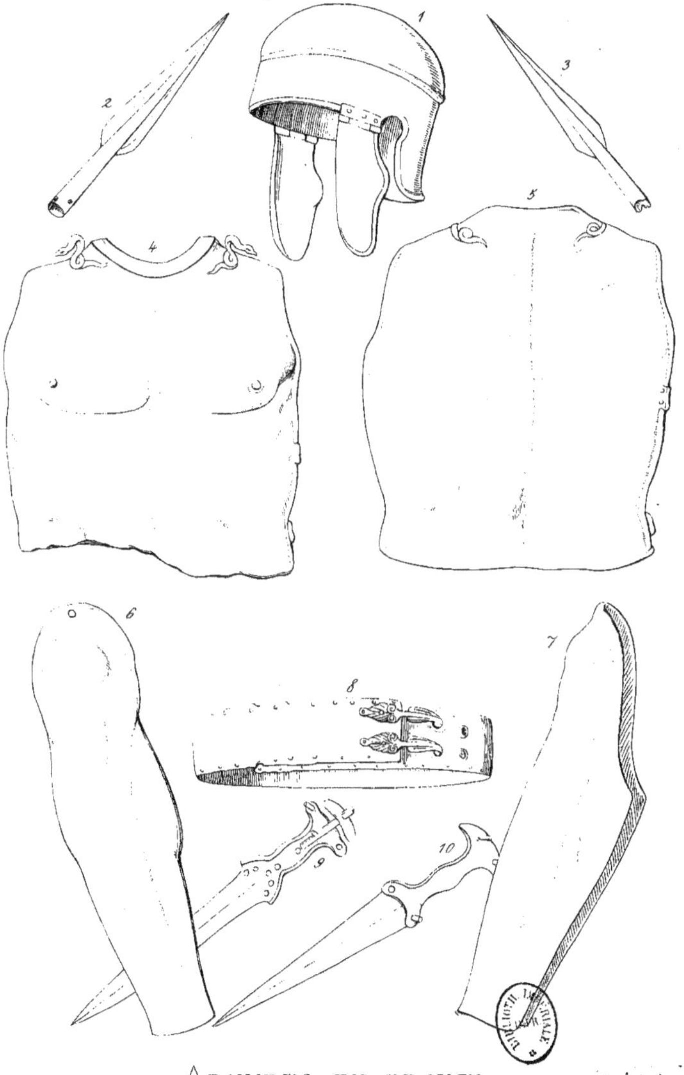

ARMVRES EN BRONZE

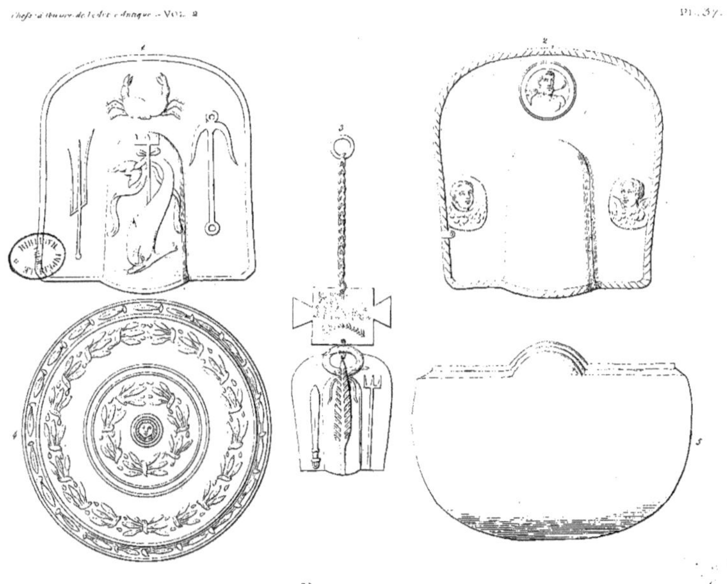

BOVCLIERS

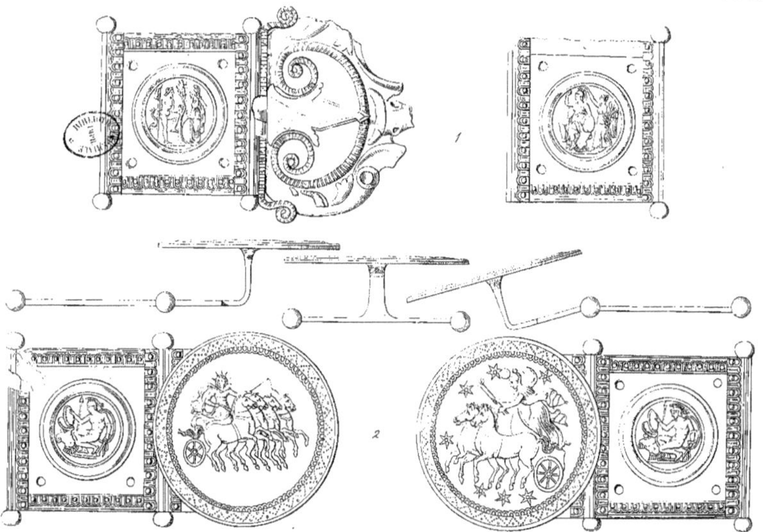

BOUCLES EN ARGENT

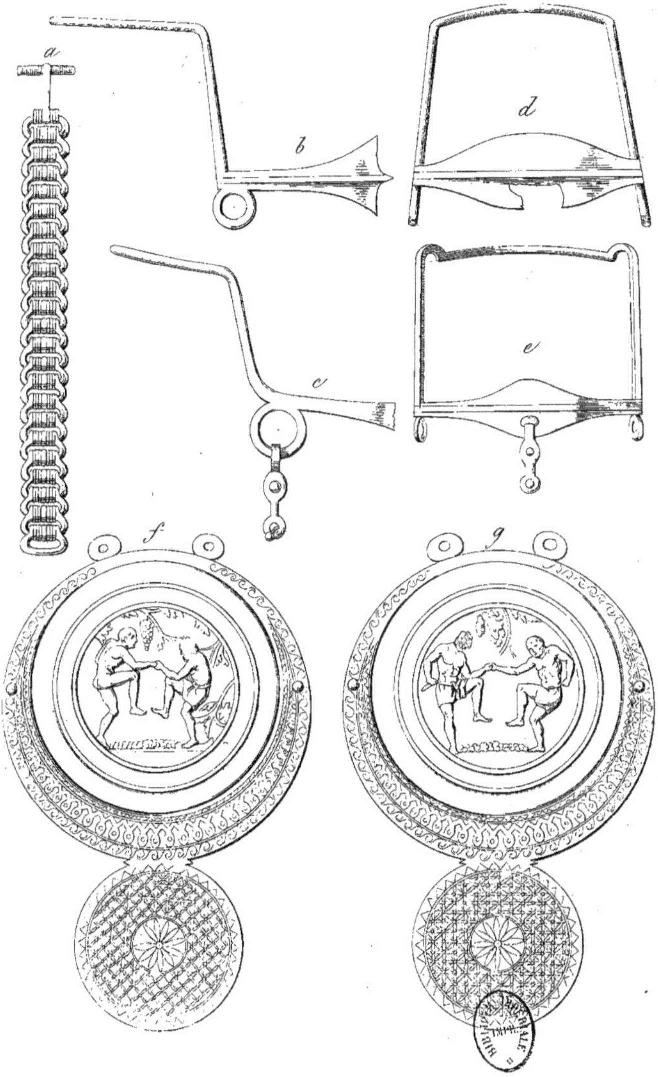

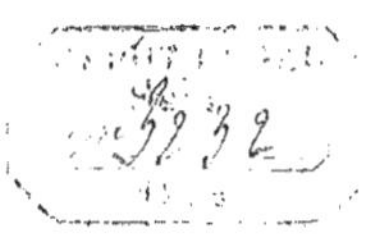

OBJETS POVR L'HARNACHEMENT DES CHEVAVX

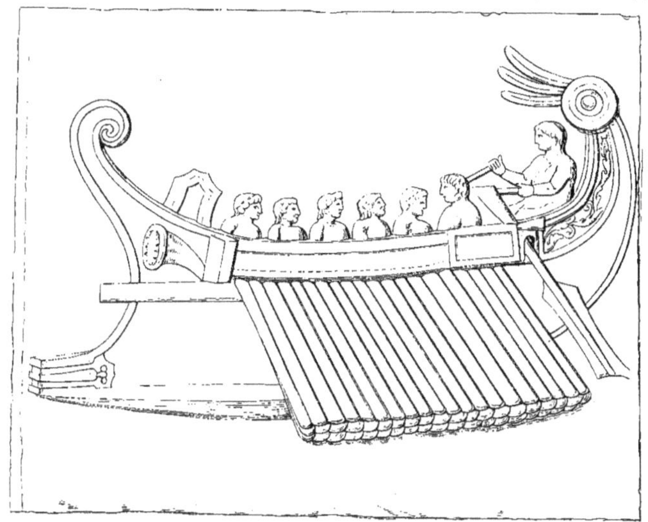

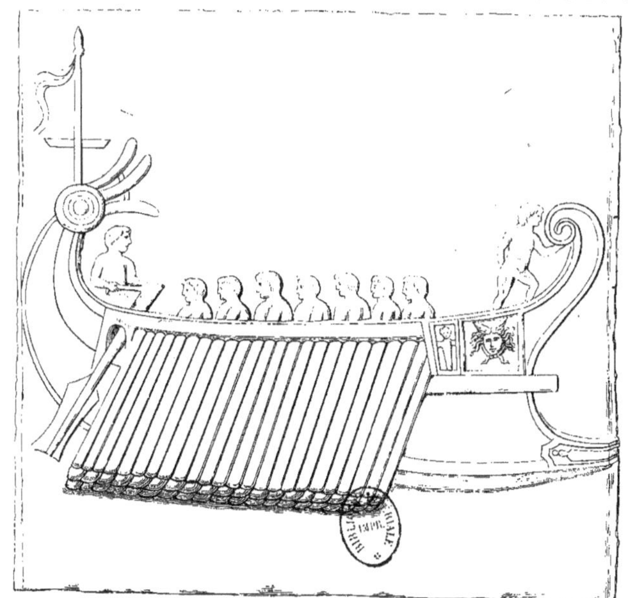

TRIRÈMES

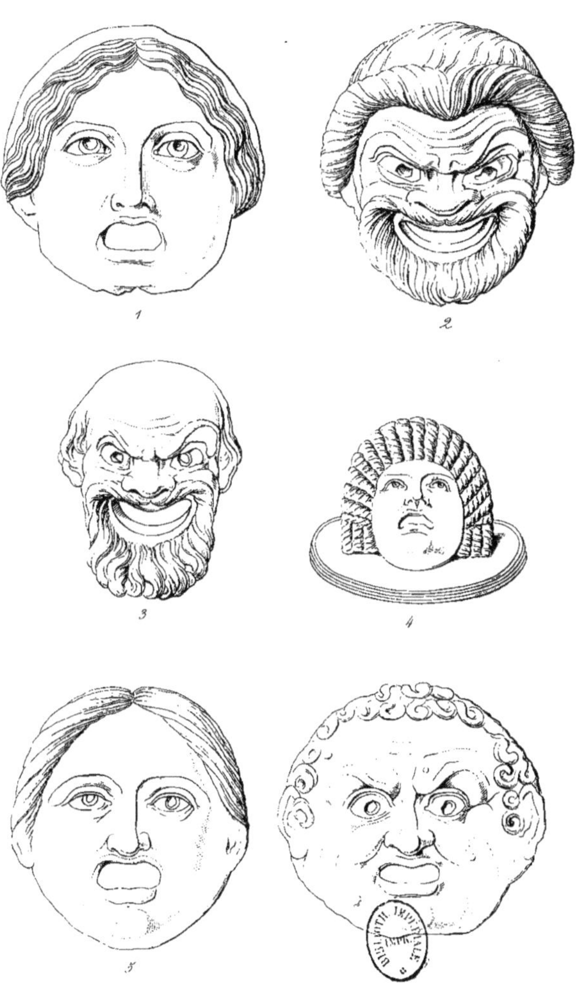

MASQVES EN TERRE CVITE

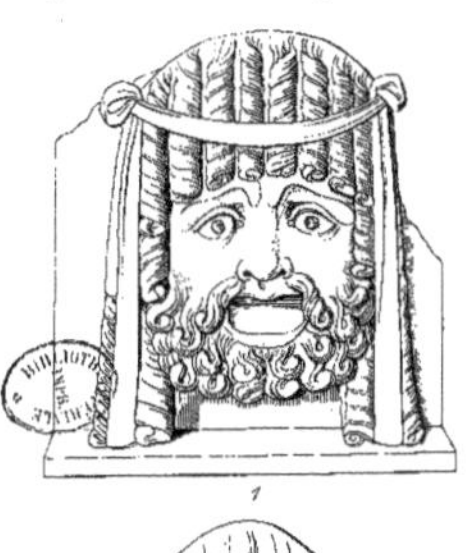
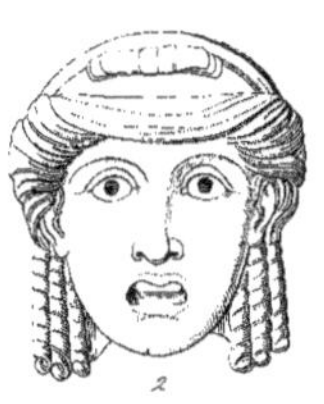
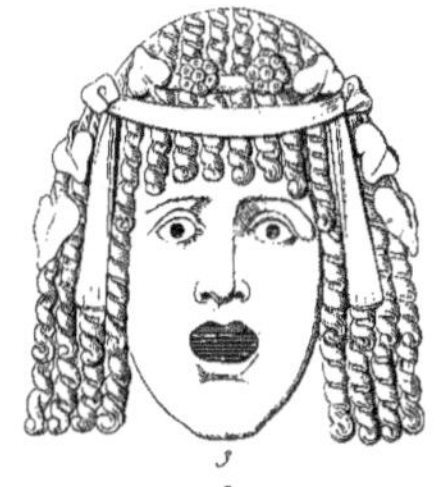

1

2

3

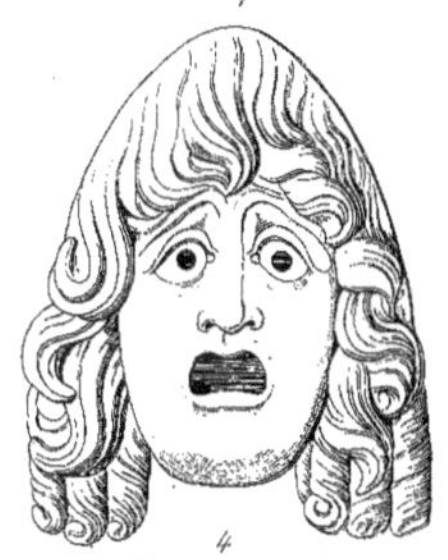
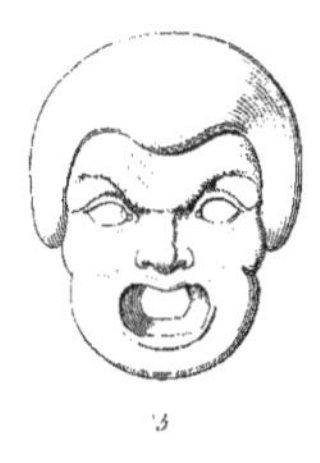
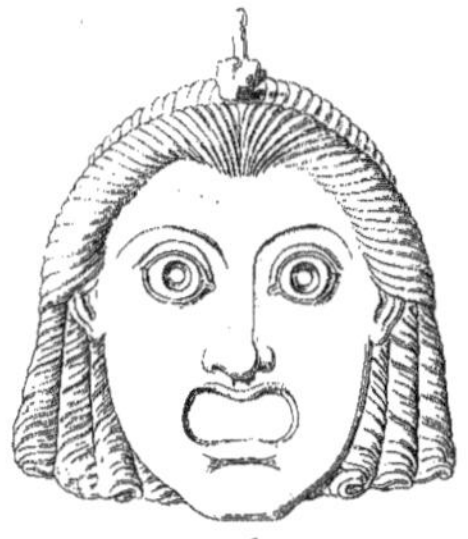

4

5

6

MASQVES EN MARBRE

Imp. Lemercier, Paris.

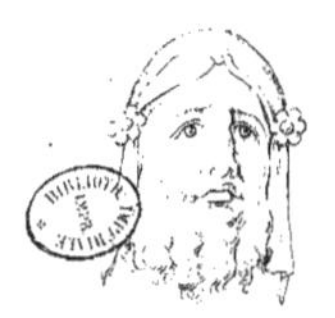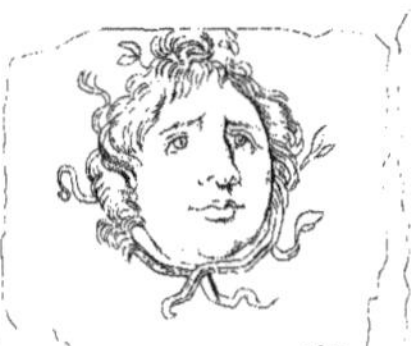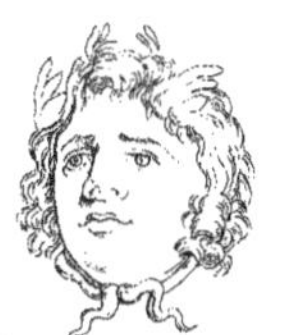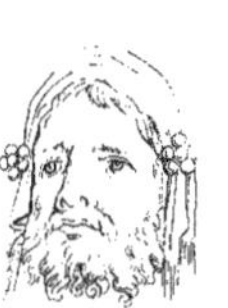

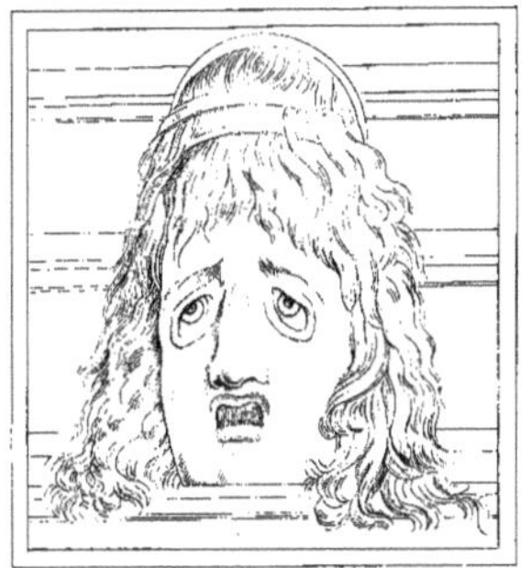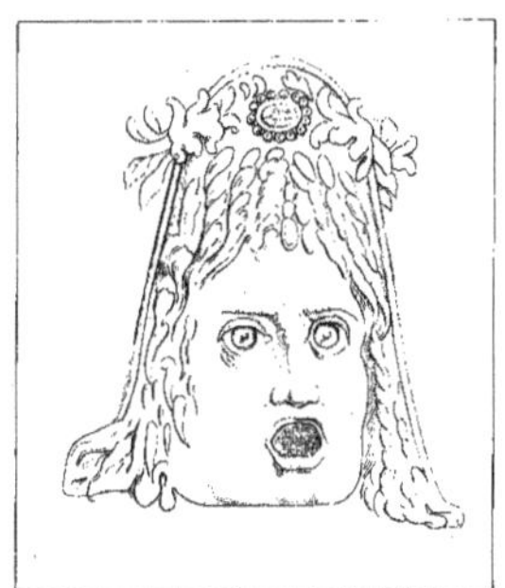

MASQVES

MASQVE

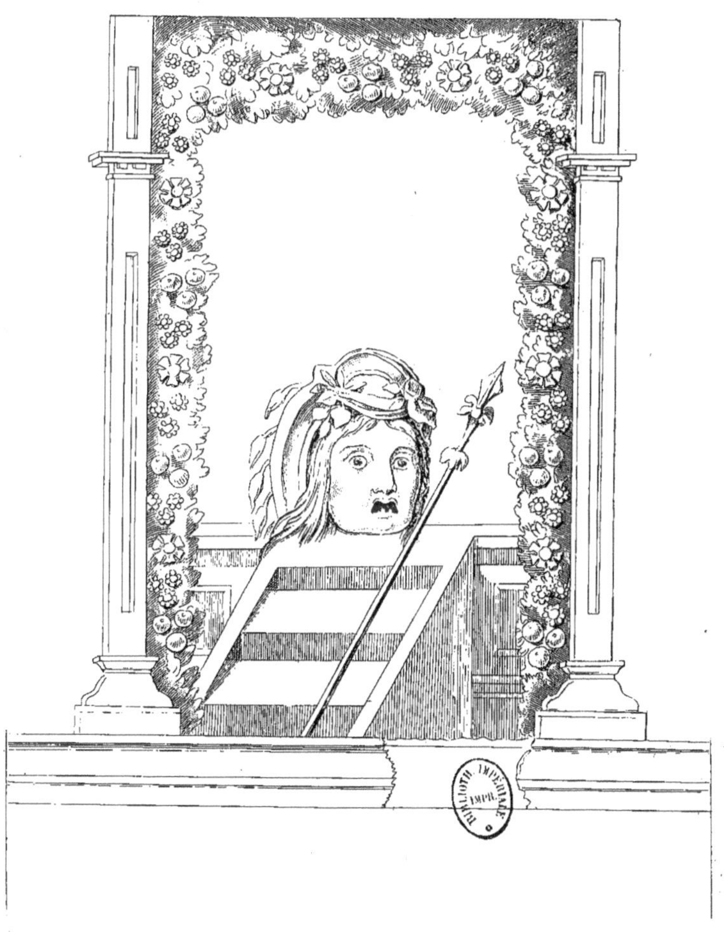

MASQVE

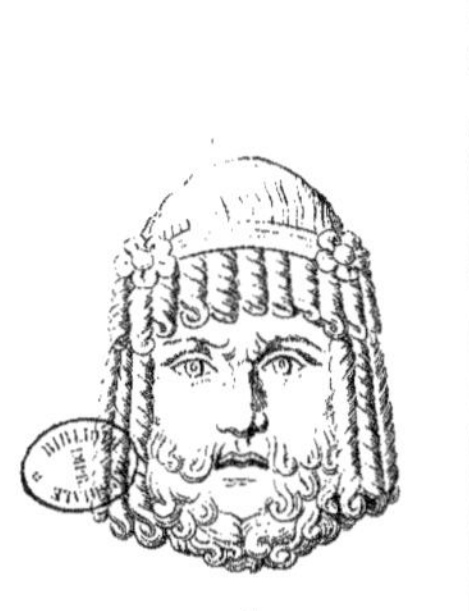

1

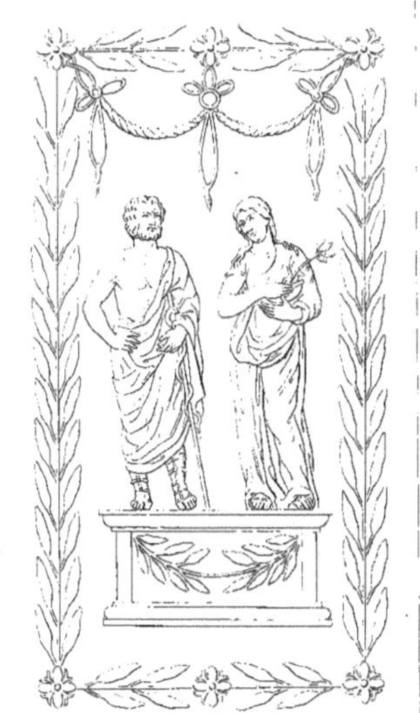

2

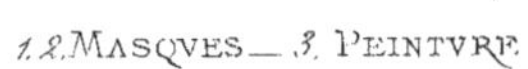

3

1.2. Masqves — 3. Peintvre

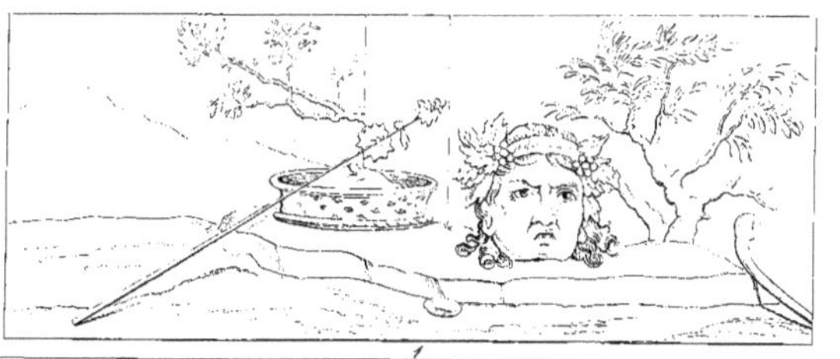

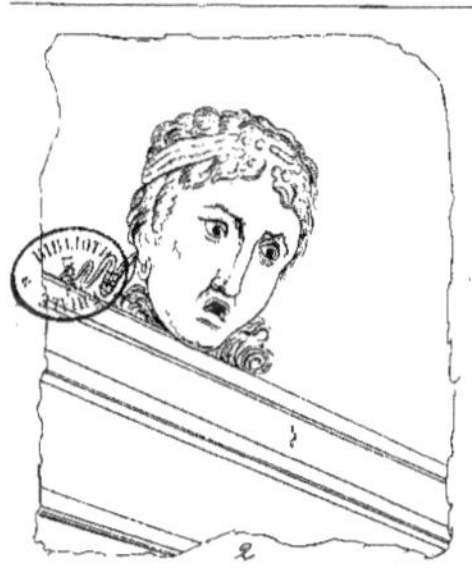

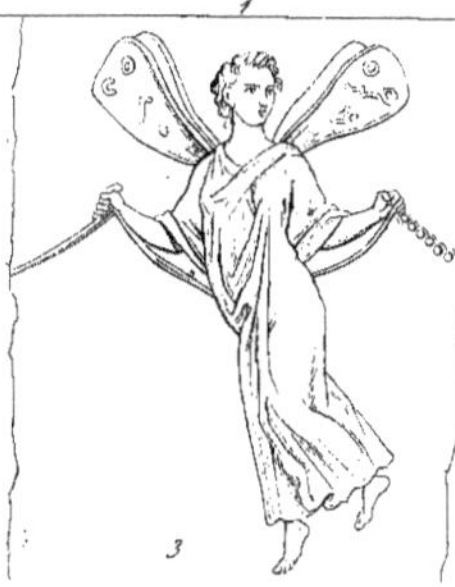

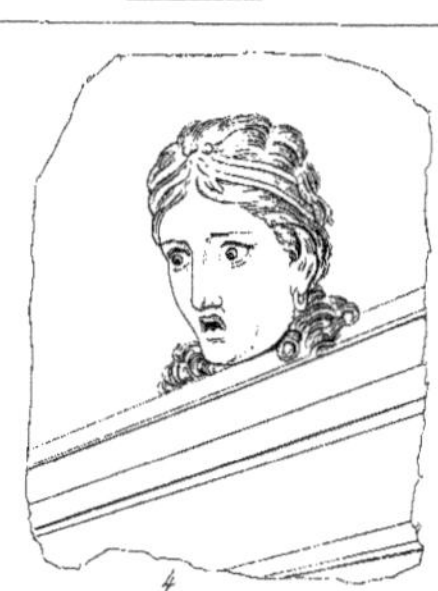

1, 2, 4. MASQVES — 3. PEINTVRE

Imp. Lemercier, Paris

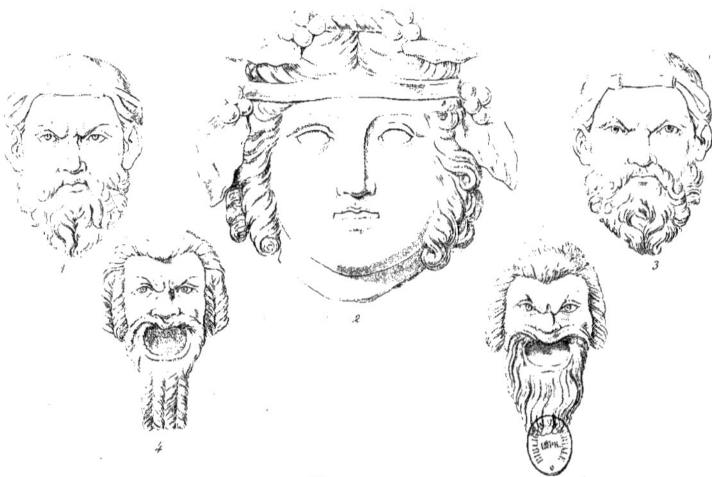

MASQVES

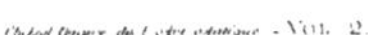

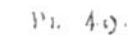

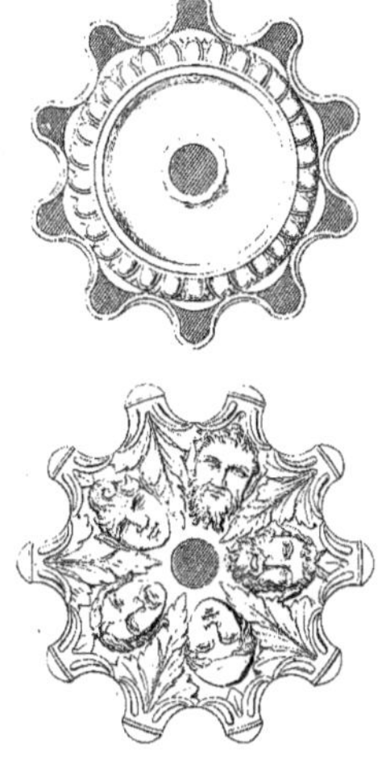

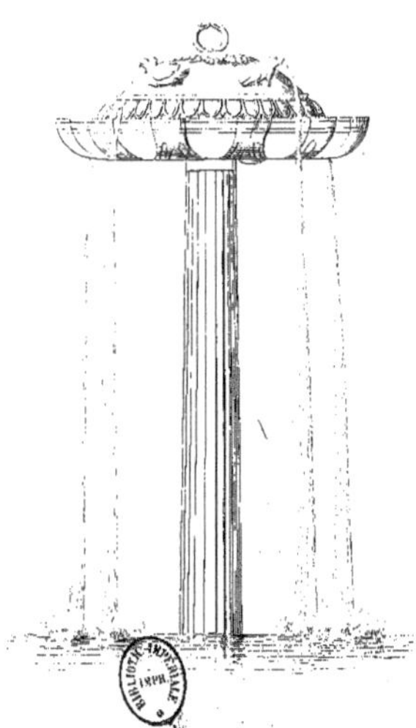

FONTAINE EN MARBRE

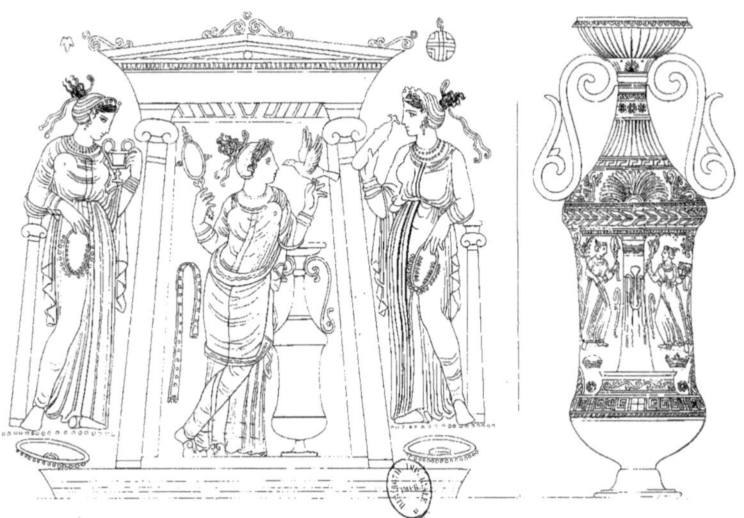

VASE EN TERRE CVITE TROVVE DANS VN TOMBEAV

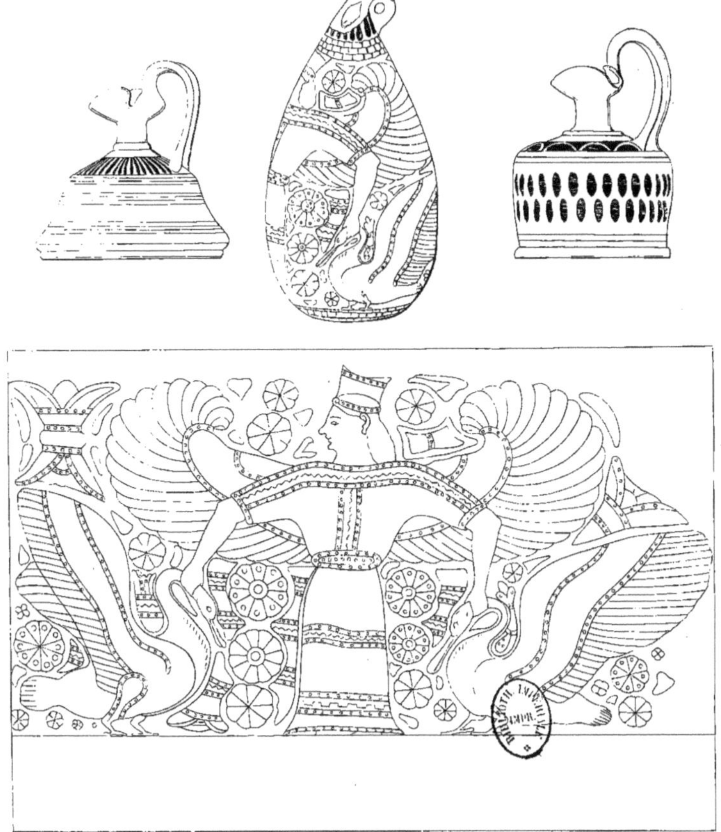

VASE DESTINE AVX VSAGES FVNERAIRES

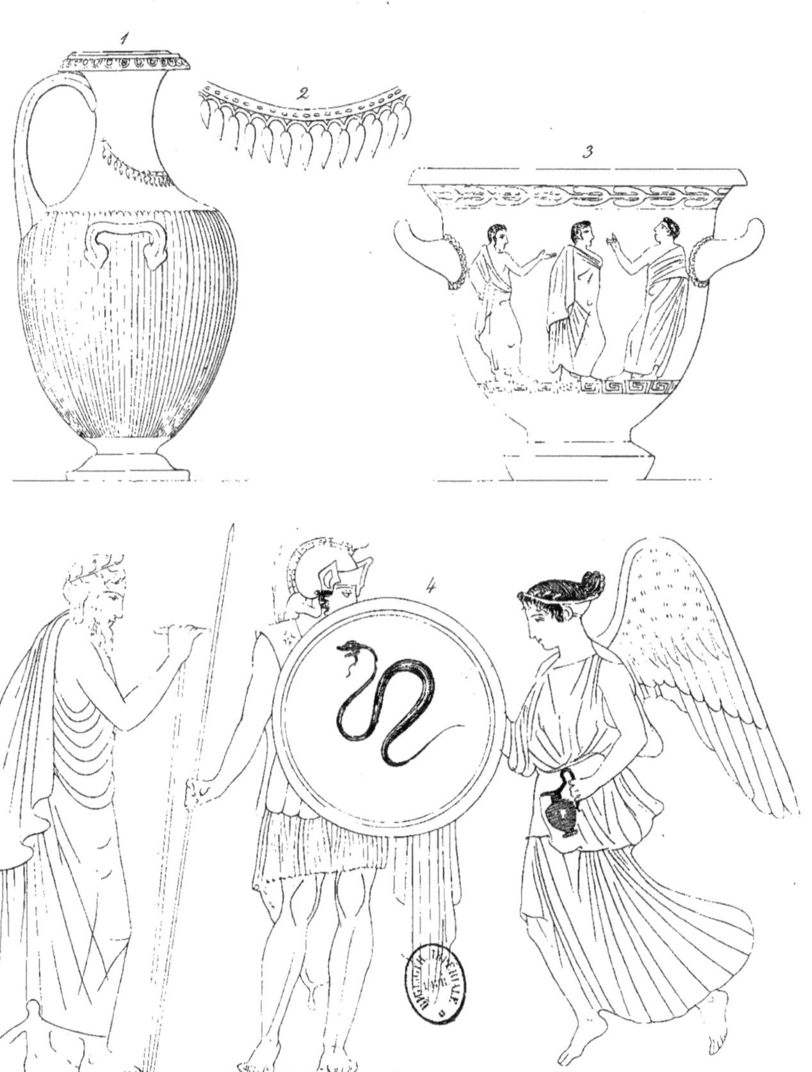

VASE EN TERRE CUITE

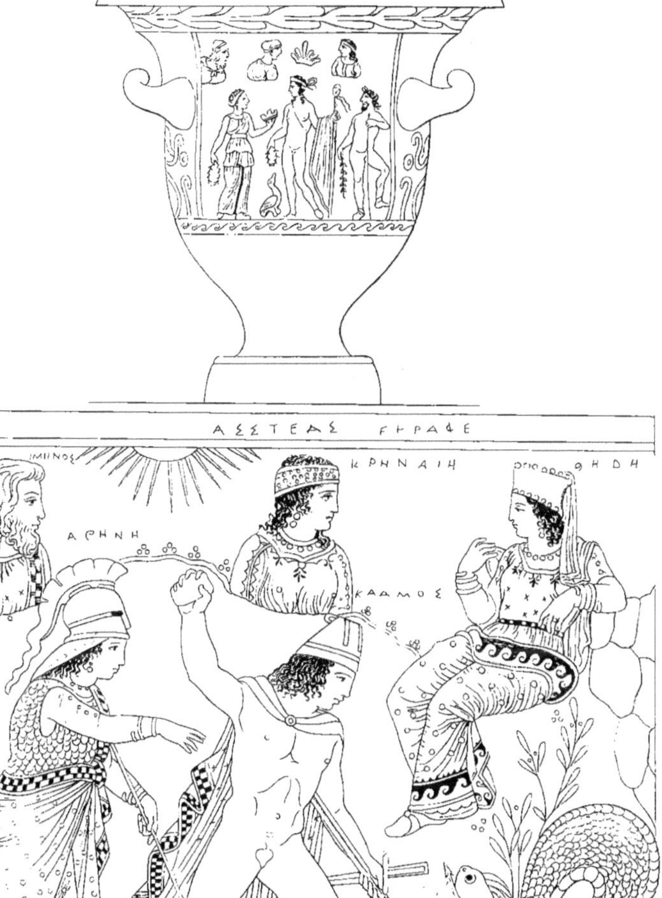

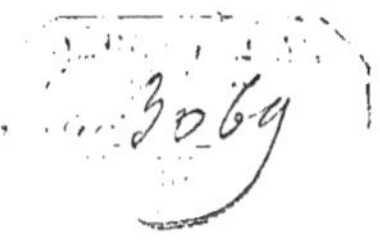

VASE EN TERRE CVITE

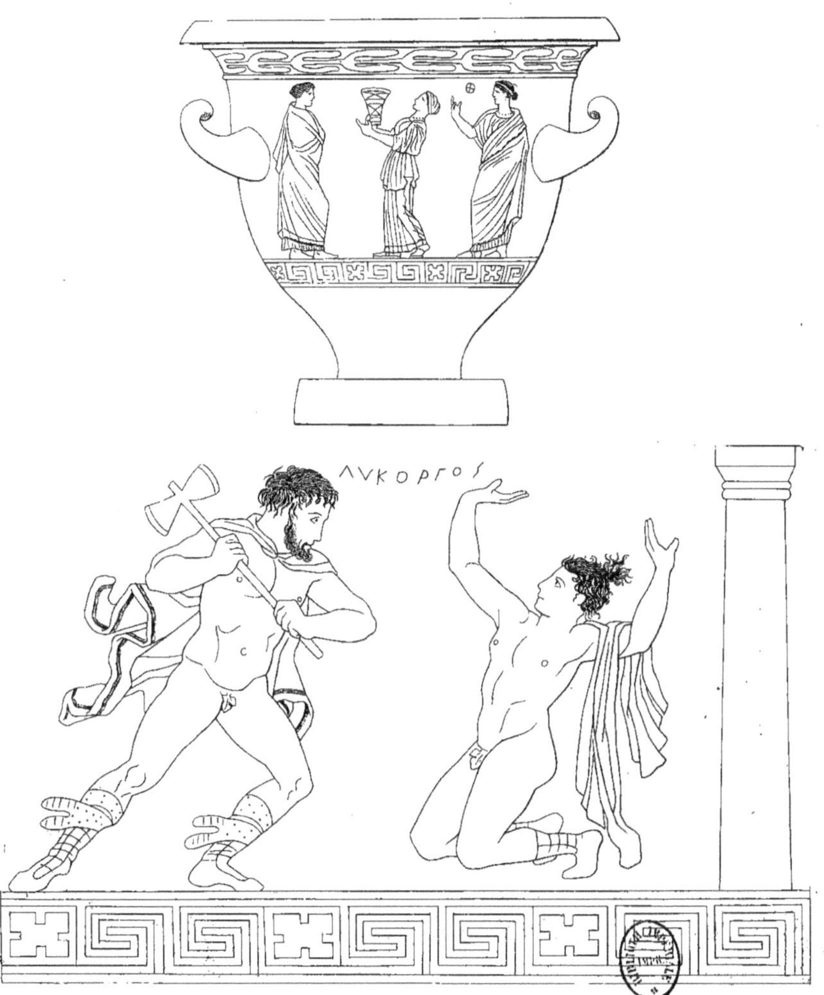

VASE EN TERRE CUITE

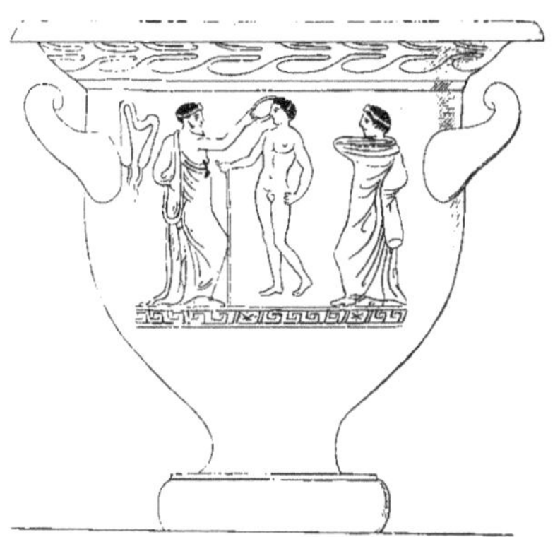

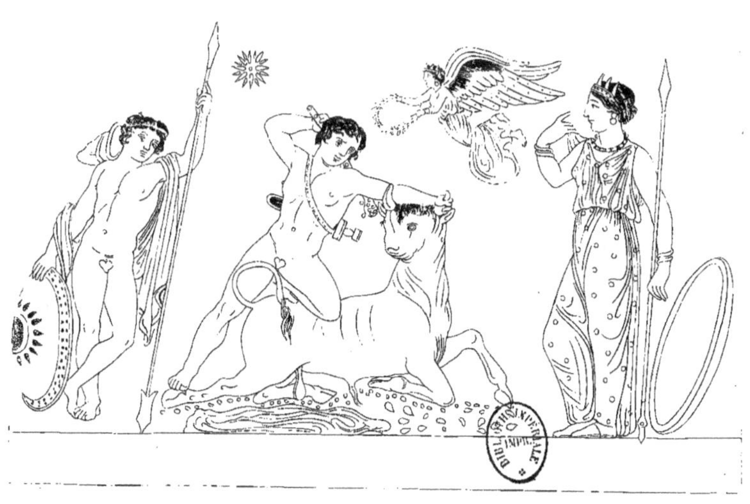

VASE EN TERRE CUITE

Imp. Lemercier Paris

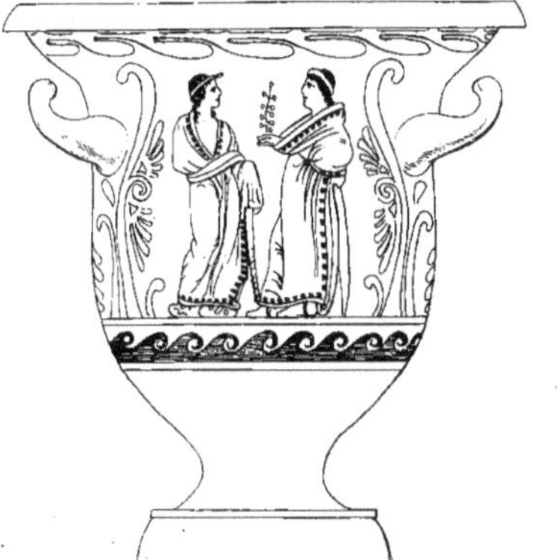

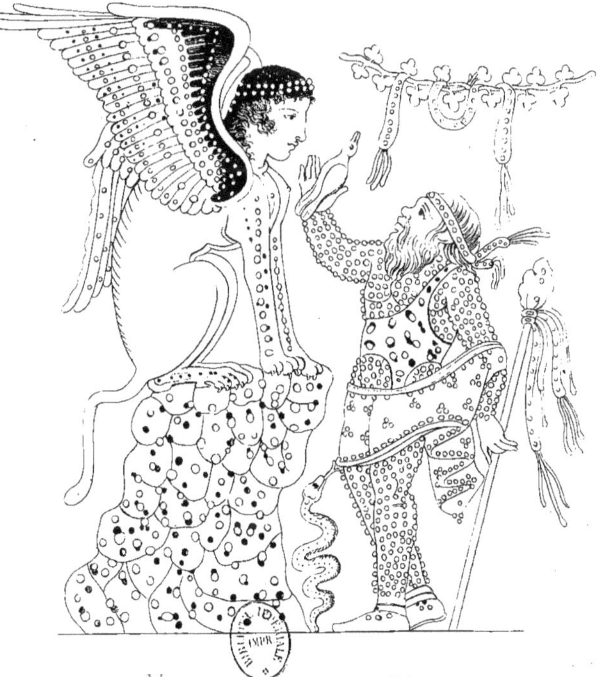

VASE EN TERRE CUITE

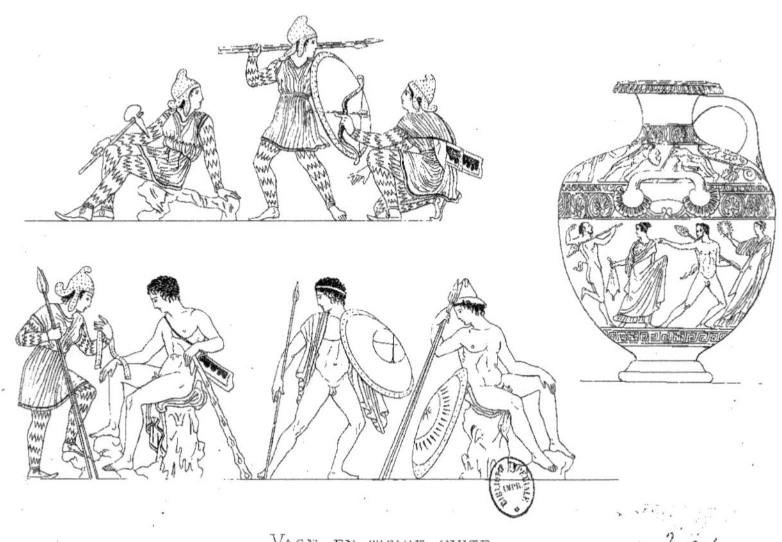

VASE EN TERRE CVITE

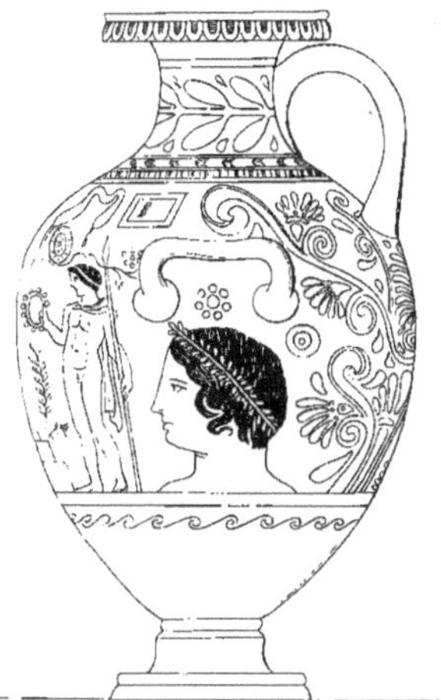

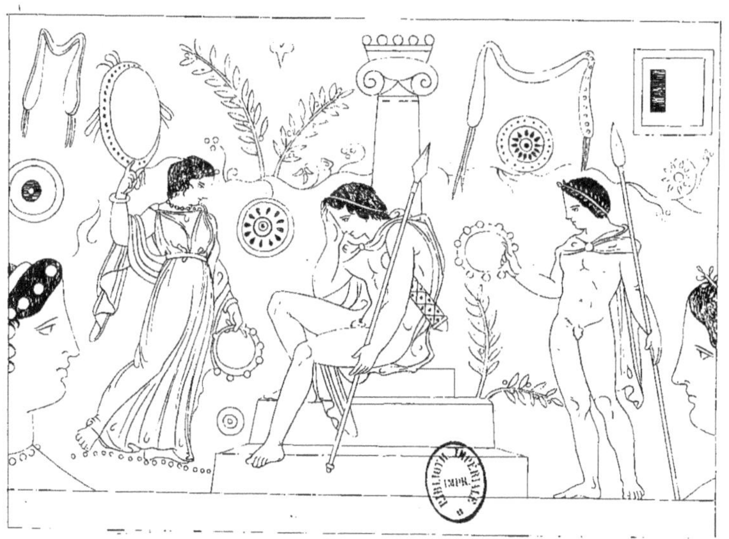

VASE EN TERRE CUITE

Imp. Lemercier, Paris

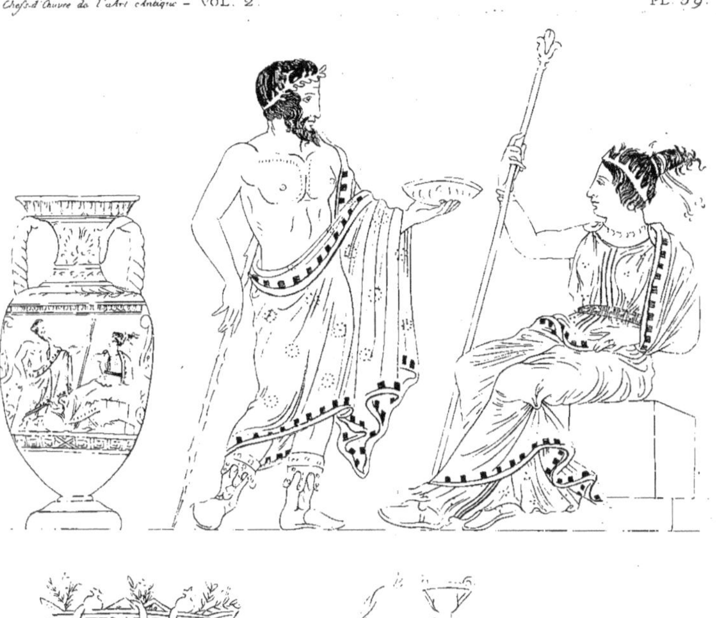

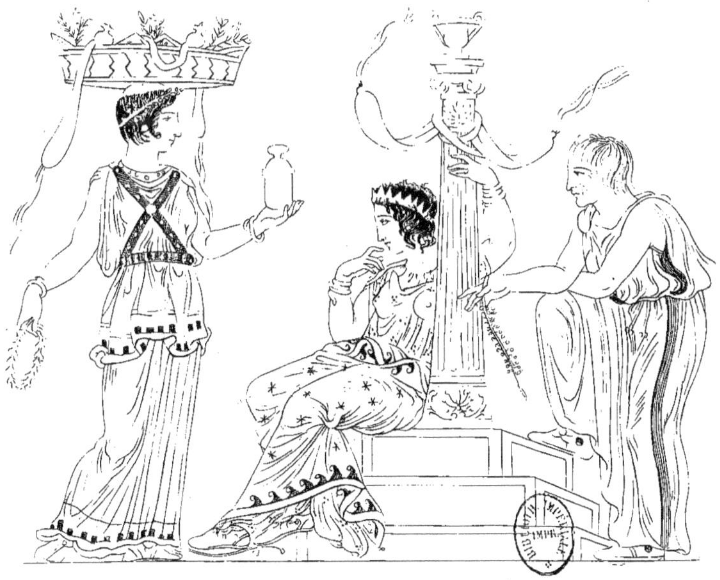

VASE EN TERRE CUITE

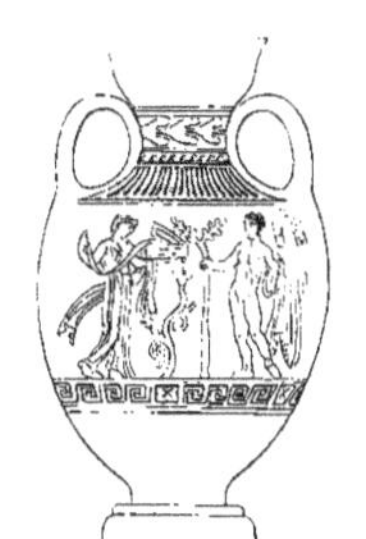

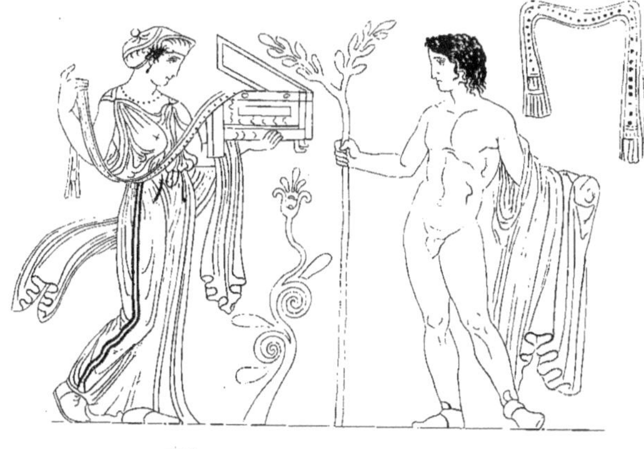

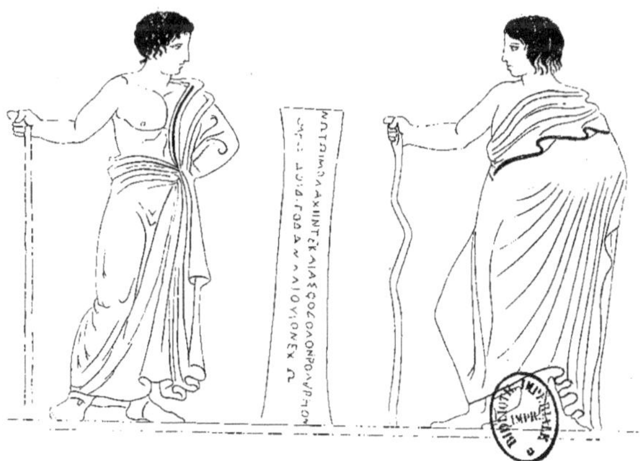

VASE EN TERRE CUITE

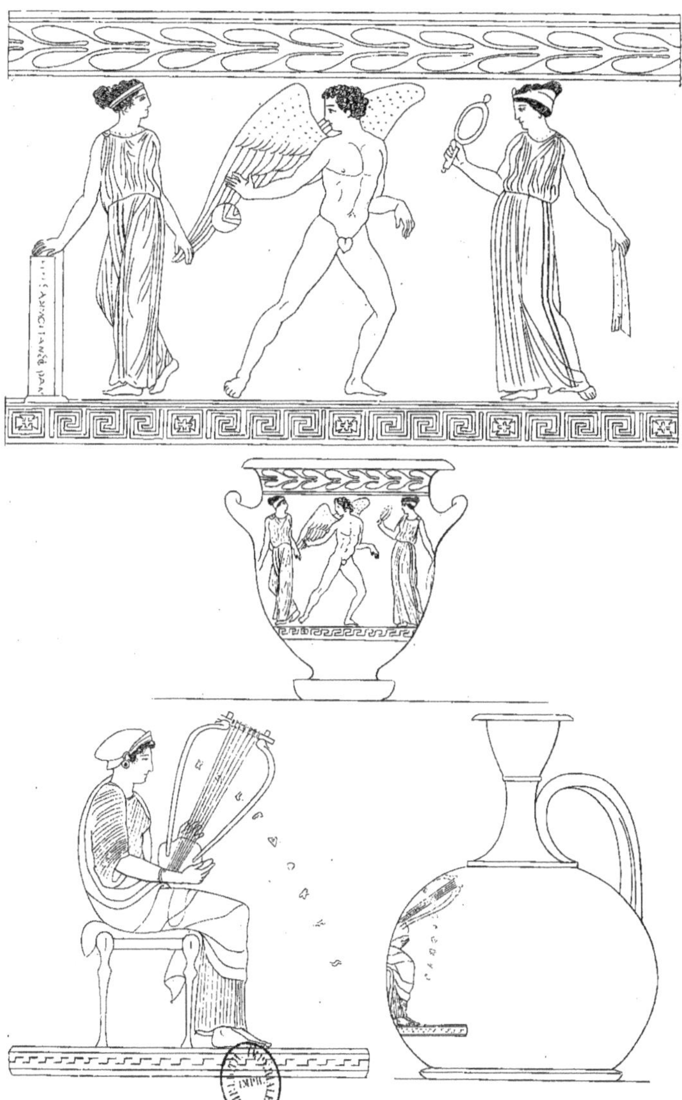

VASE EN TERRE CUITE

Imp. Lemercier, Paris.

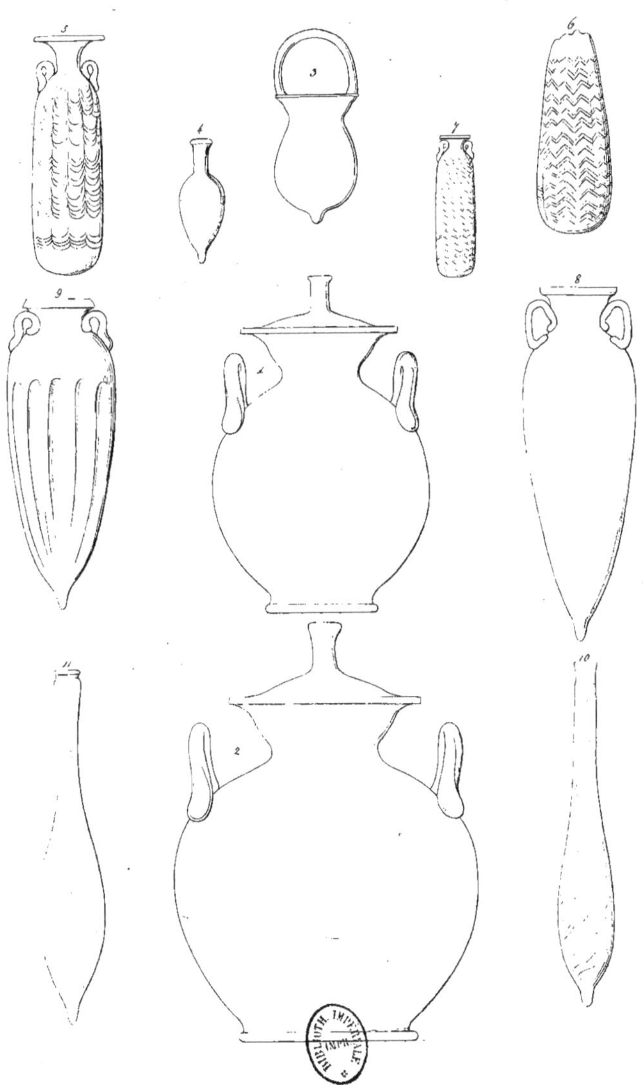

VASES DE VERRE

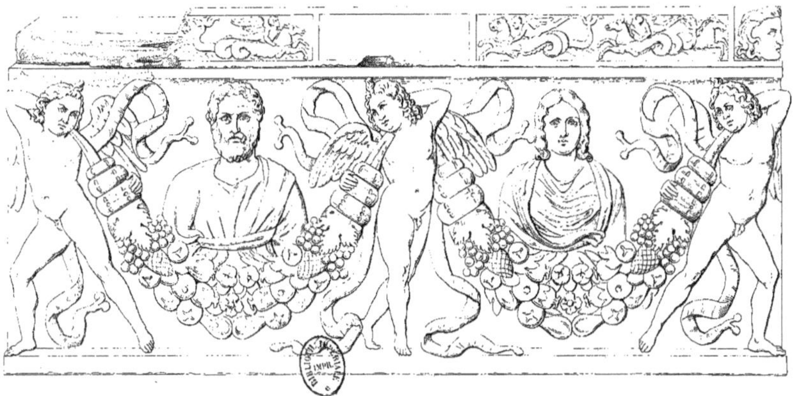

SARCOPHAGE EN MARBRE

Imp. Lemercier, Paris

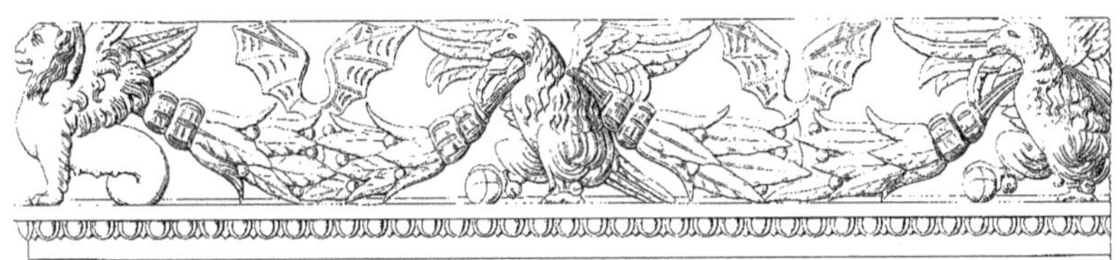

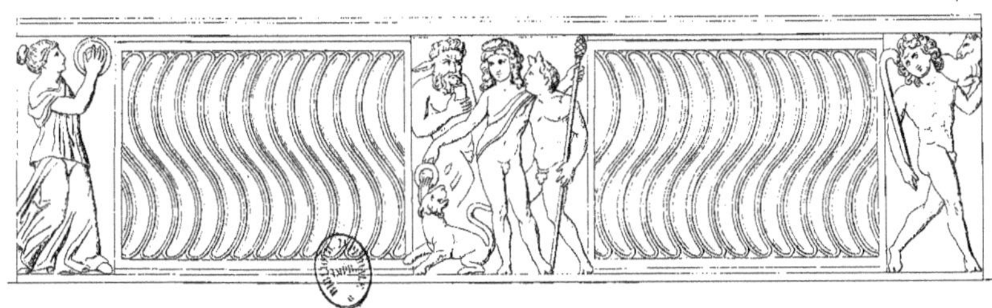

SARCOPHAGE EN MARBRE

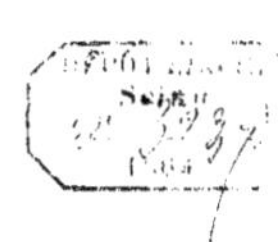

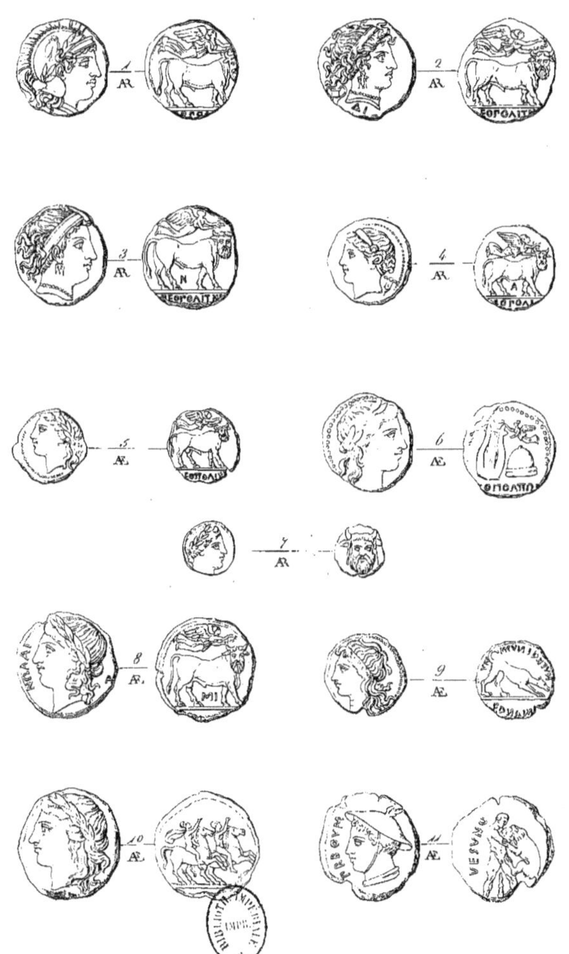

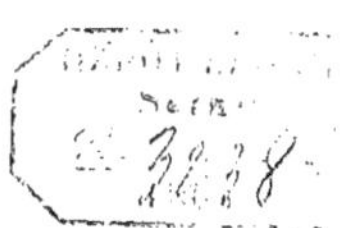

MONNAIES ANTIQVES

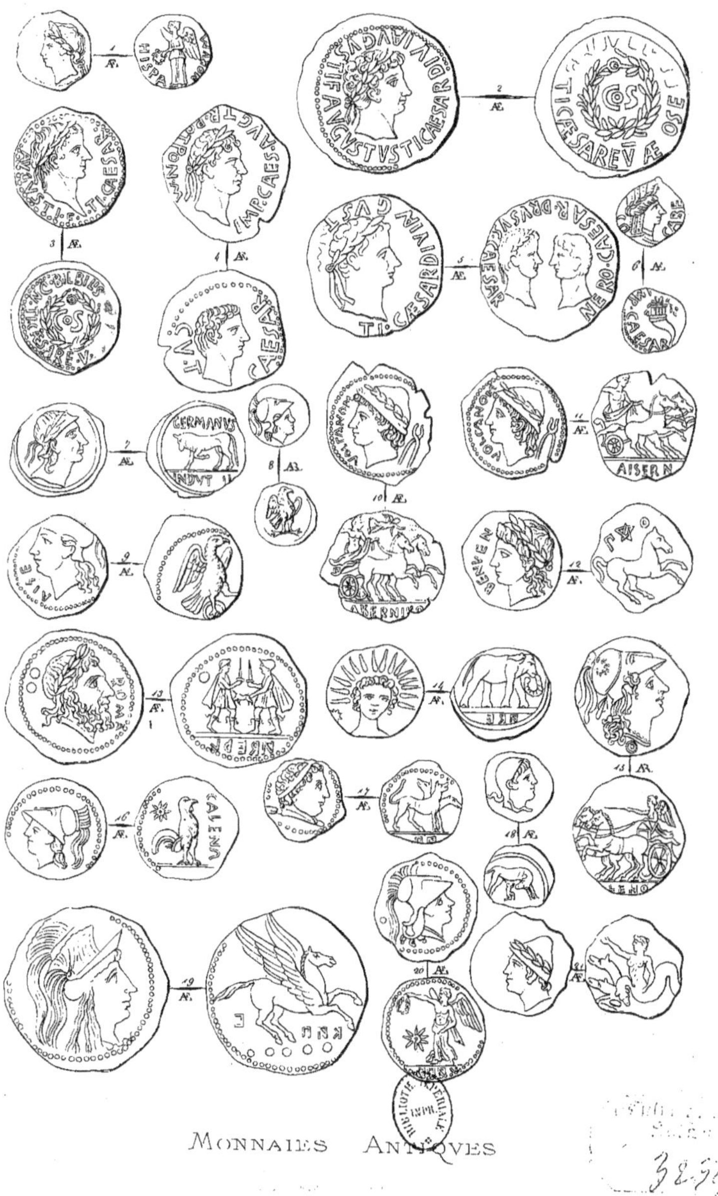

MONNAIES ANTIQVES

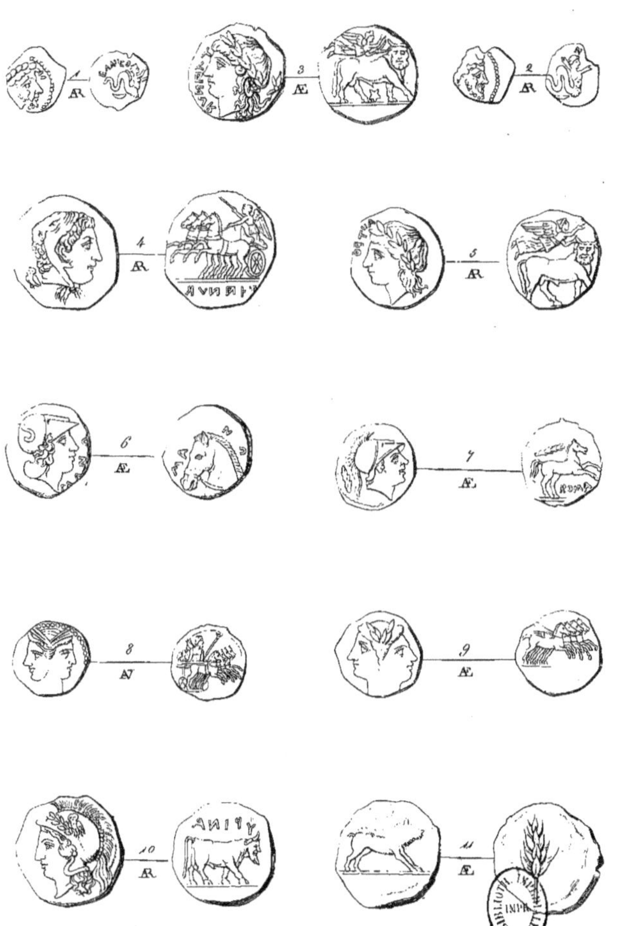

MONNAIES ANTIQVES

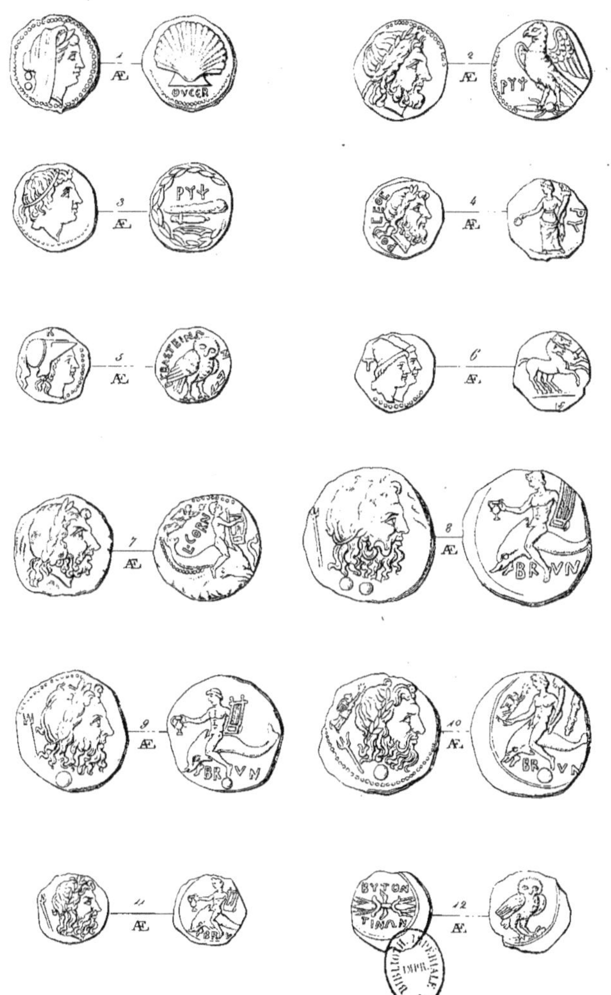

MONNAIES ANTIQVES

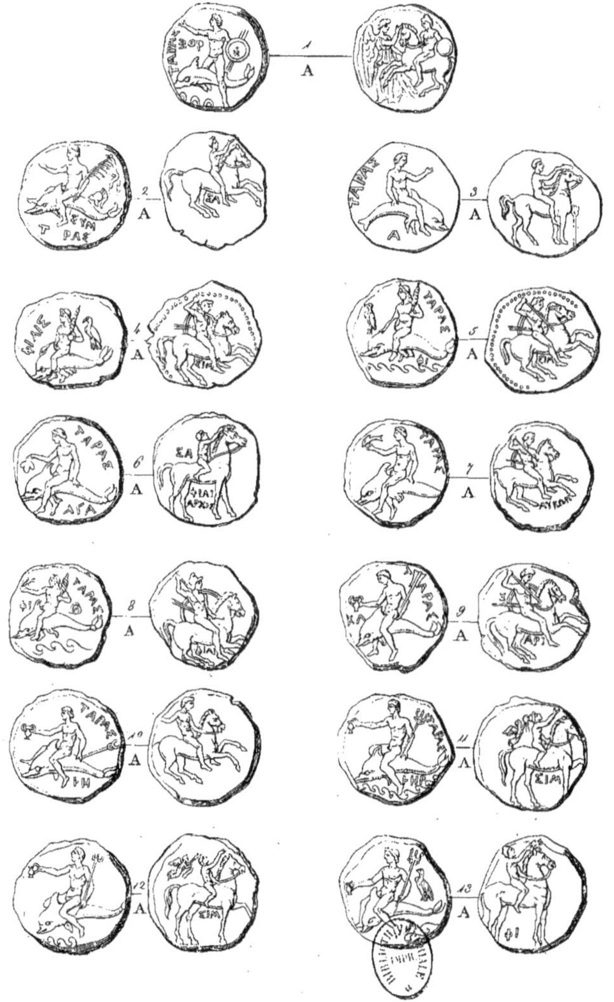

MONNAIES ANTIQVES

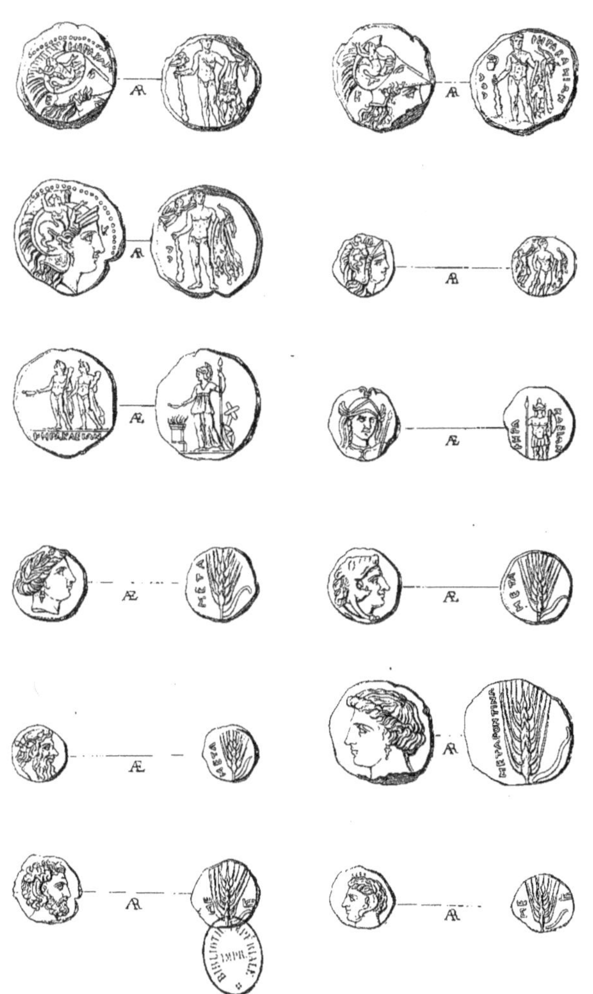

MONNAIES   ANTIQVES

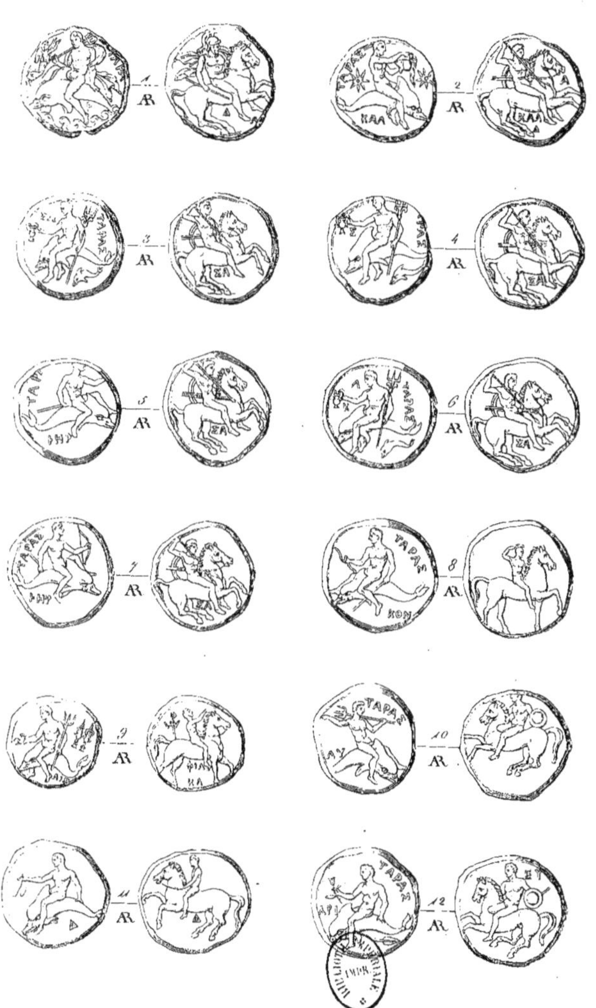

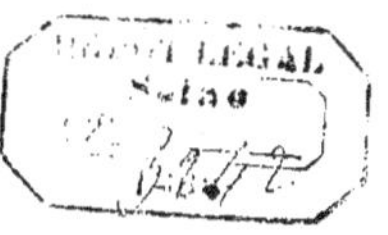

MONNAIES ANTIQVES

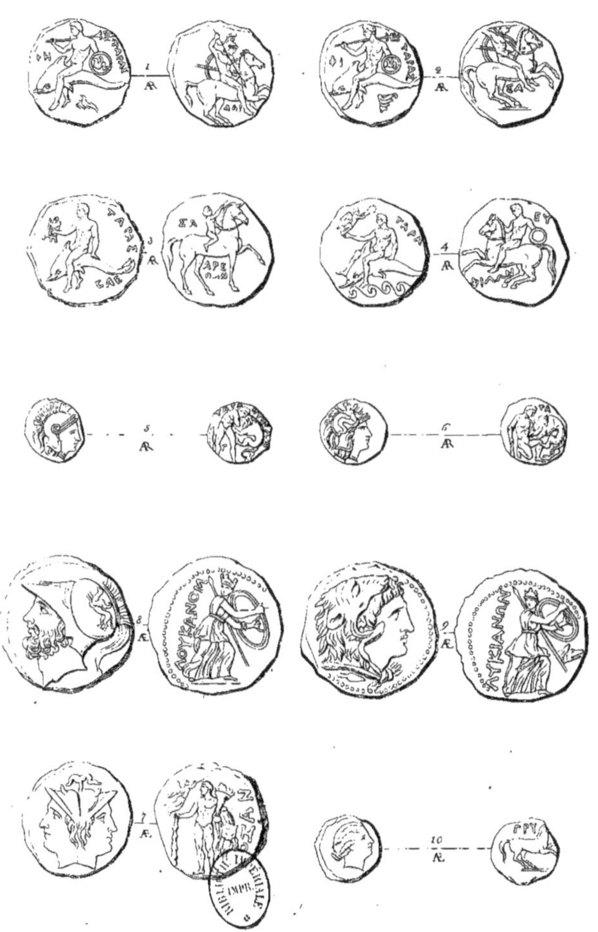

MONNAIES ANTIQVES

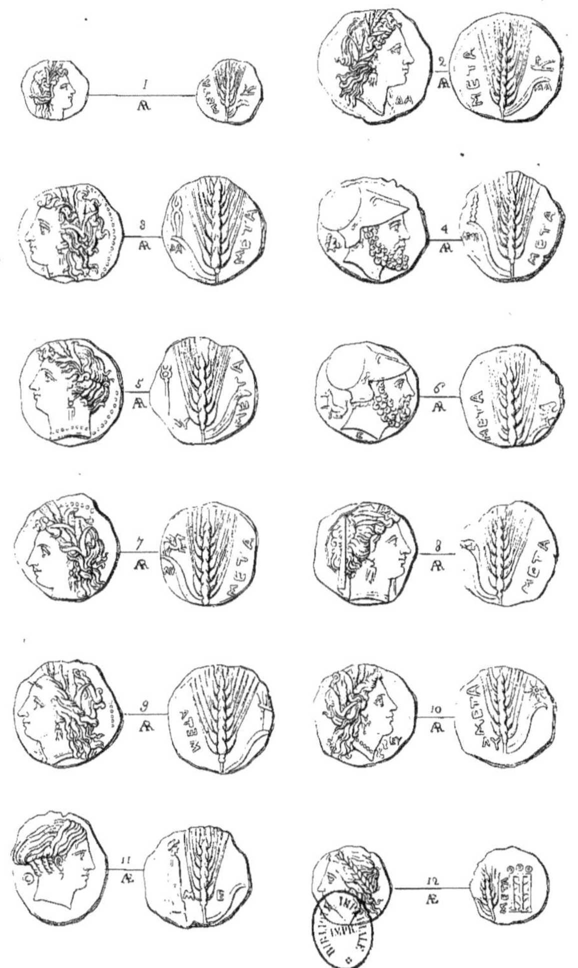

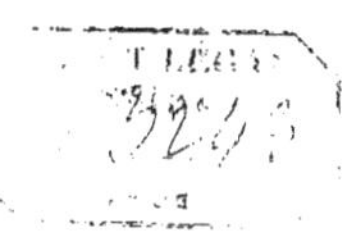

MONNAIES ANTIQVES

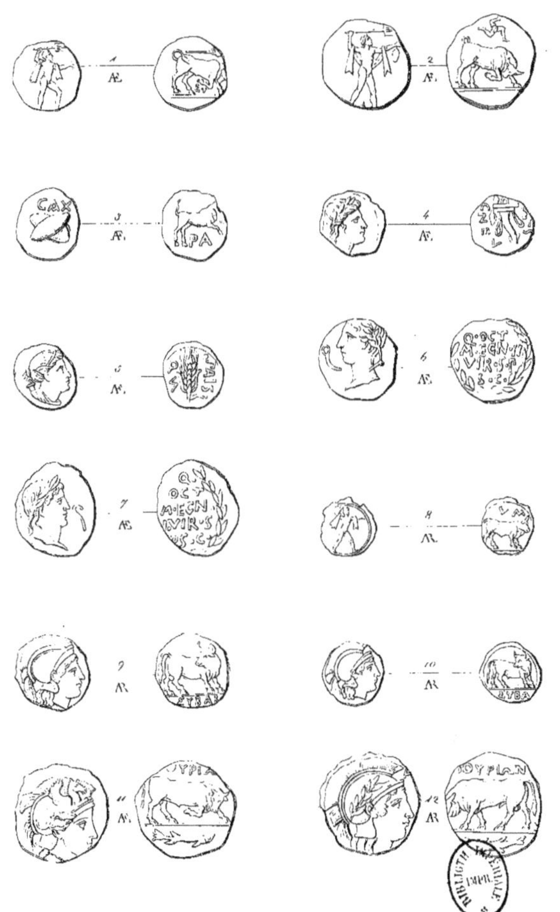

MONNAIES ANTIQVES

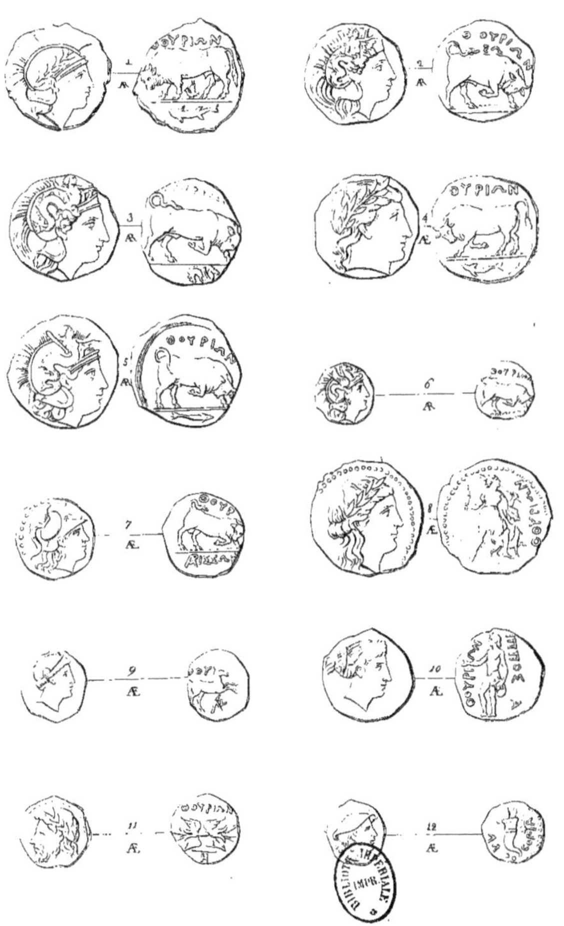

MONNAIES ANTIQVES

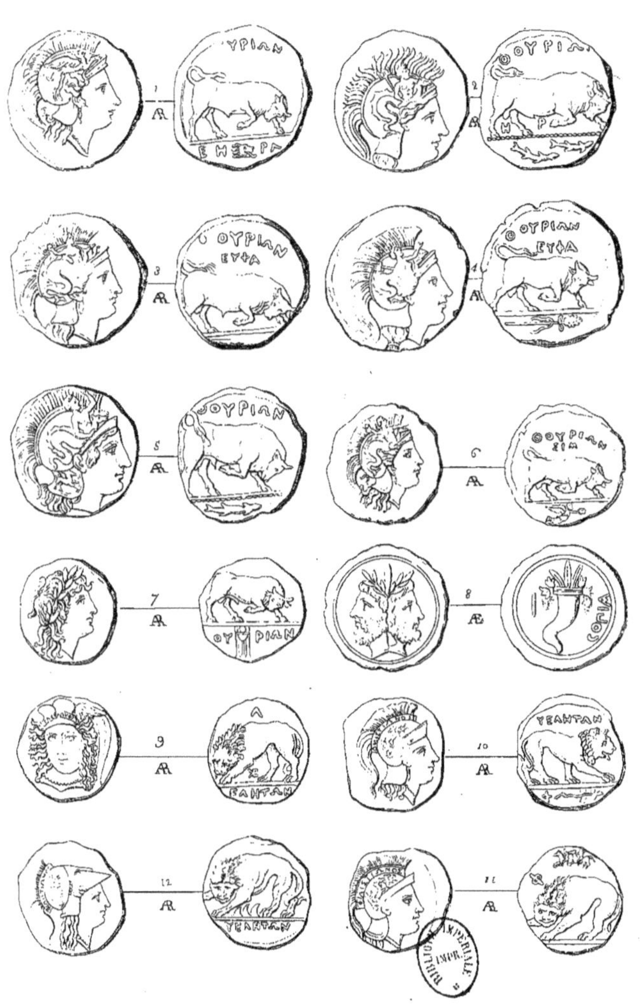

MONNAIES ANTIQVES

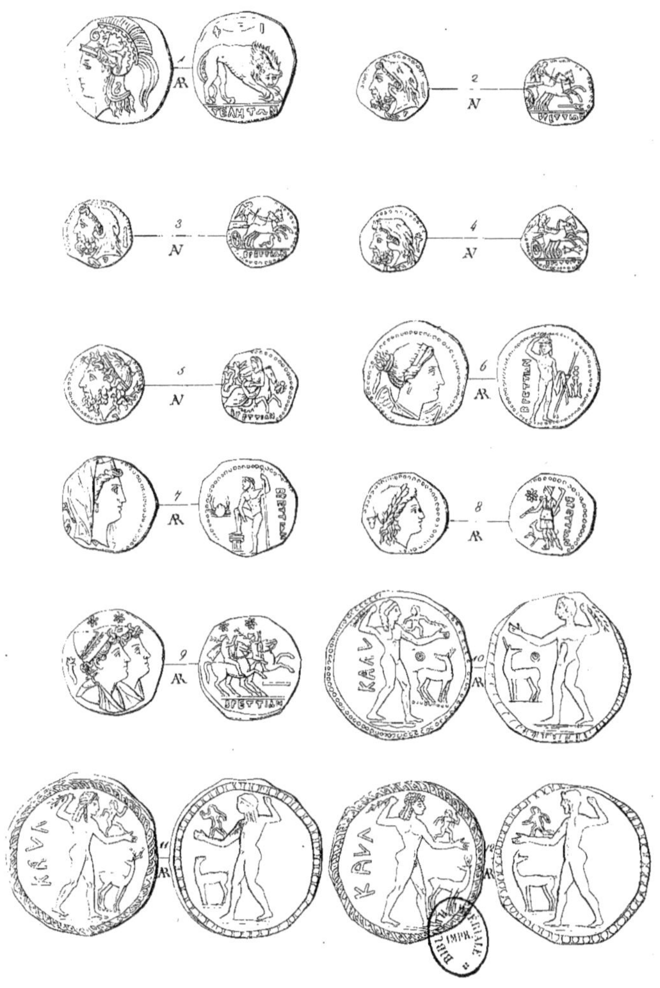

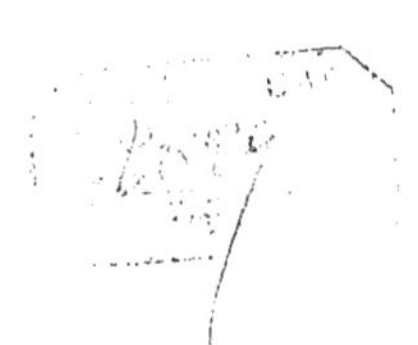

MONNAIES ANTIQVES

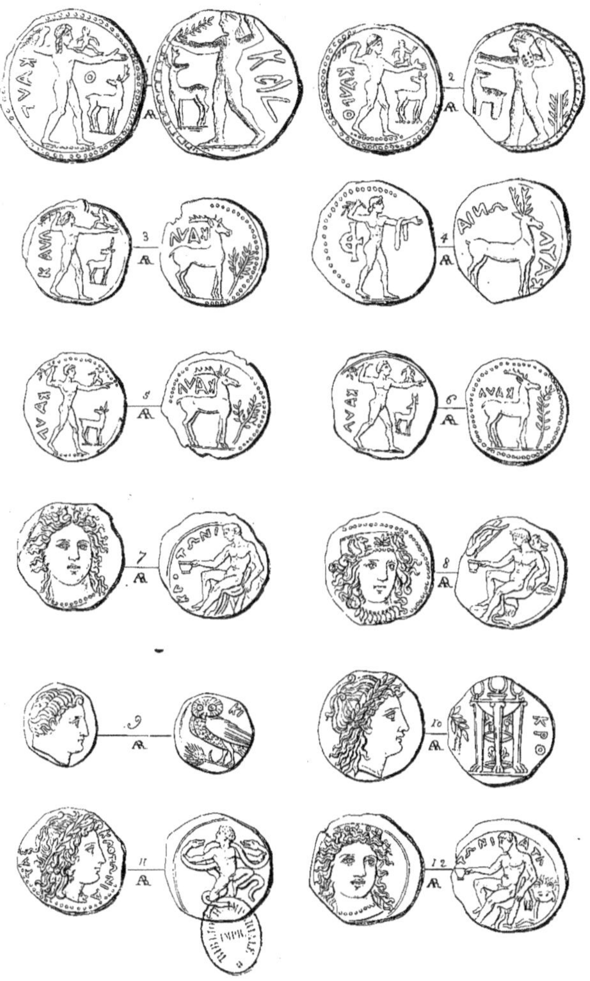

MONNAIES ANTIQVES

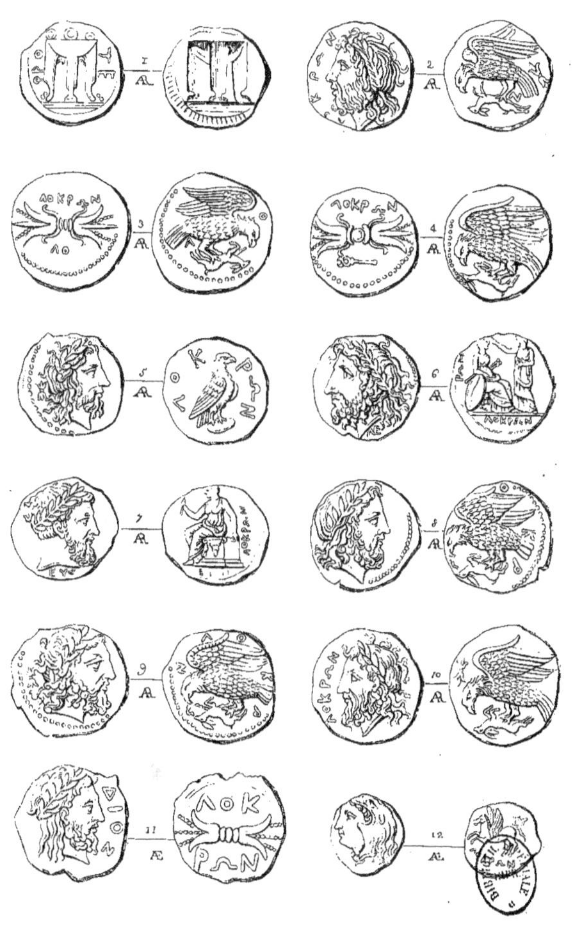

MONNAIES ANTIQVES

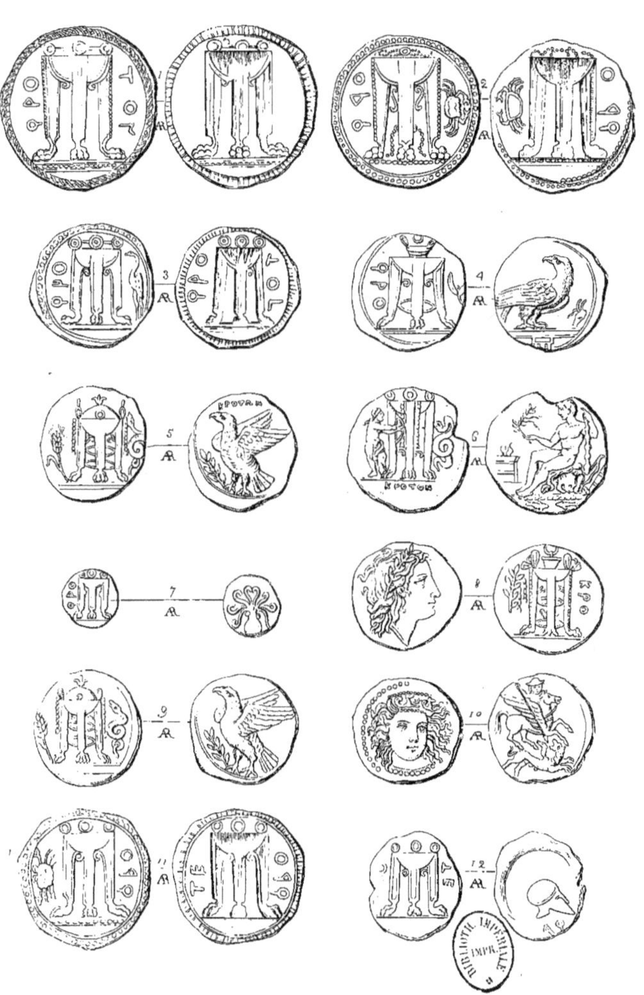

MONNAIES ANTIQVES

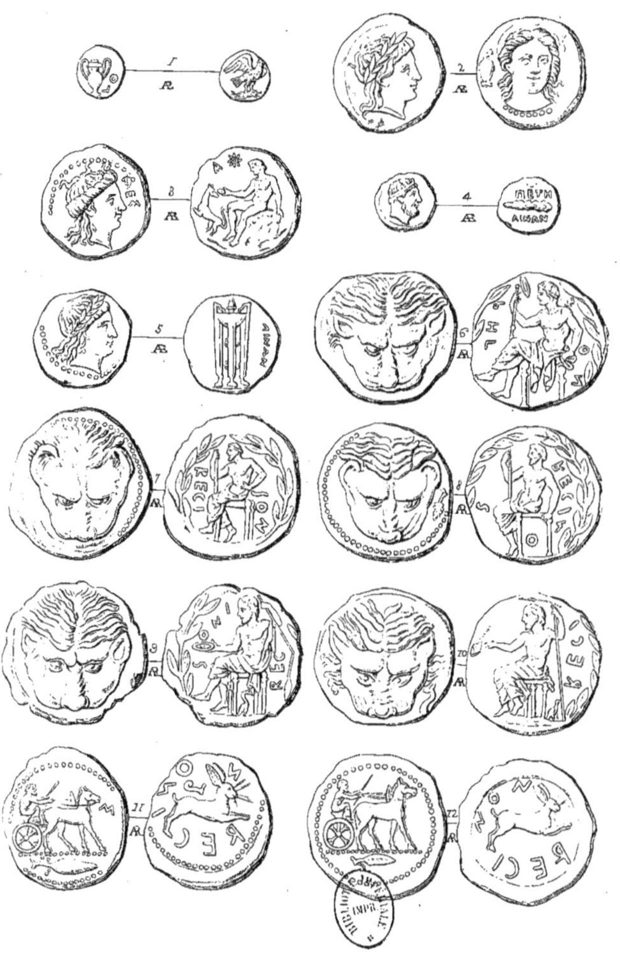

MONNAIES ANTIQVES

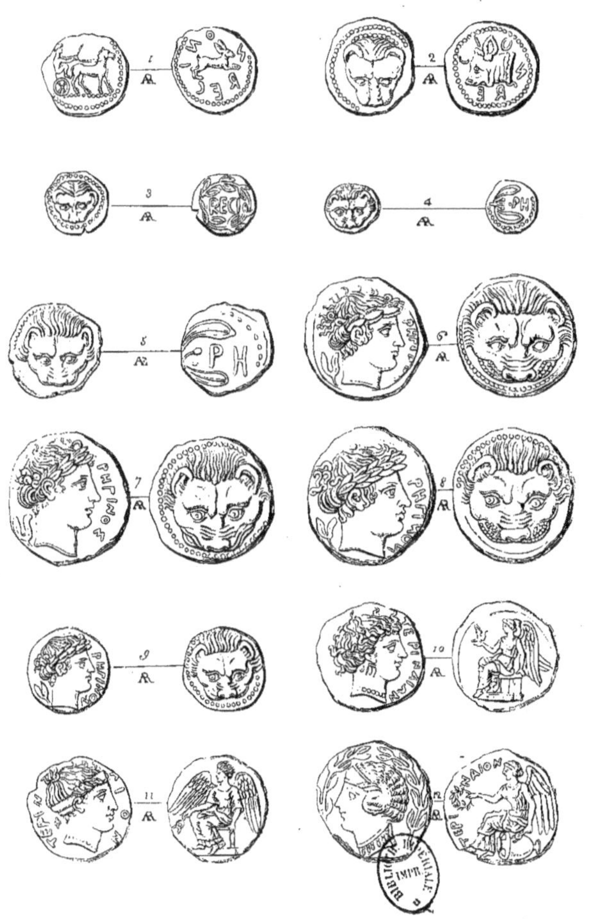

MONNAIES ANTIQVES

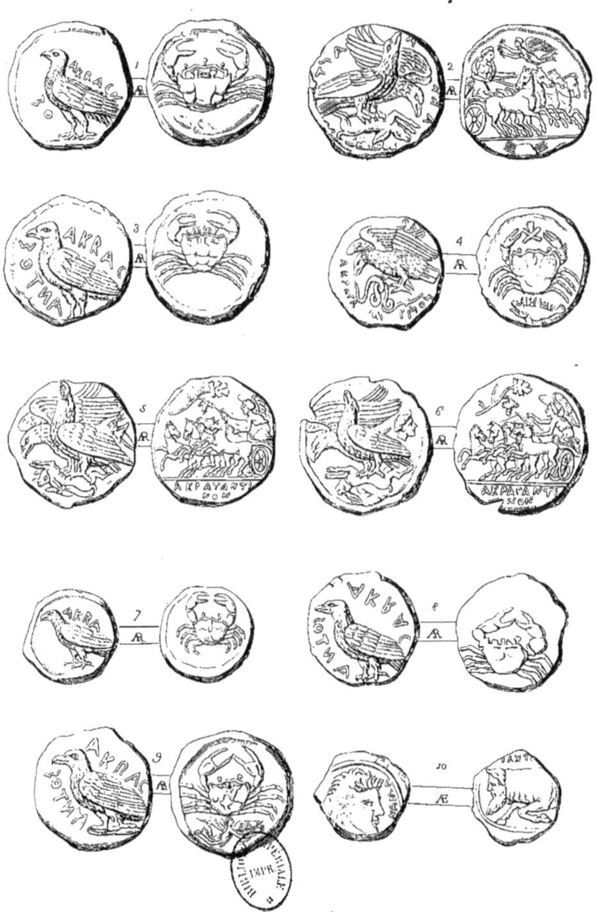

MONNAIES ANTIQVES

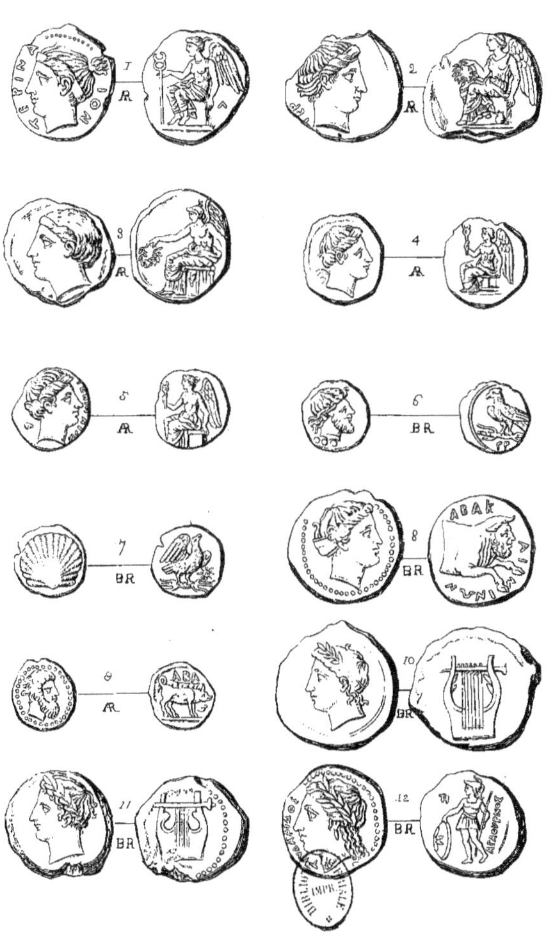

MONNAIES ANTIQVES

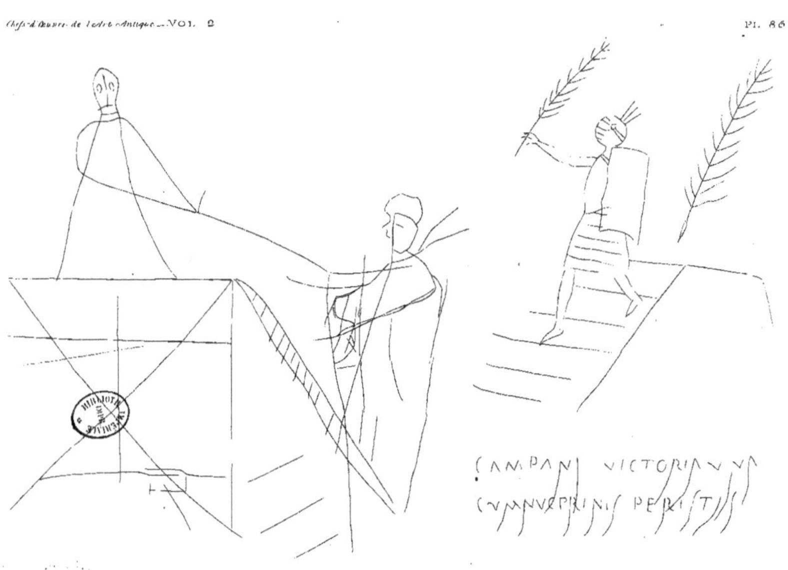

INSCRIPTION SVR VN MVR DE POMPEÏ

Imp. Lemercier, Paris.

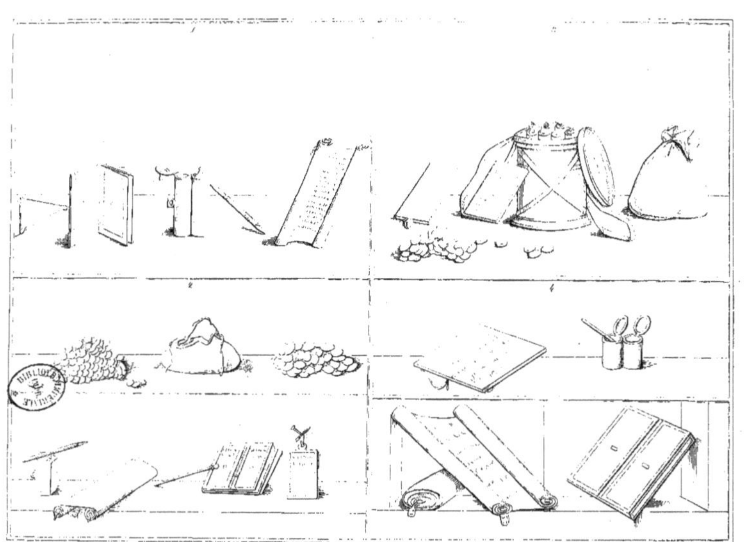

INSTRVMENTS DE L'ECRITVRE

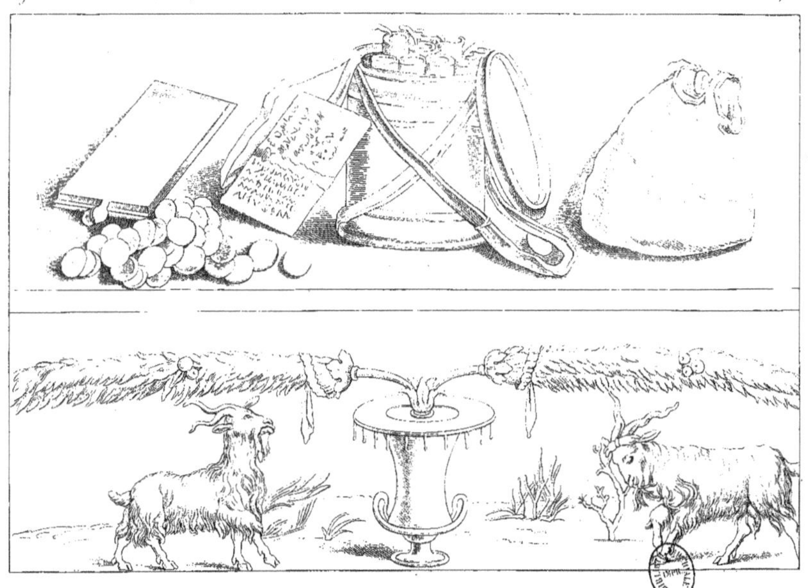

INSTRVMENTS DE L'ECRITVRE

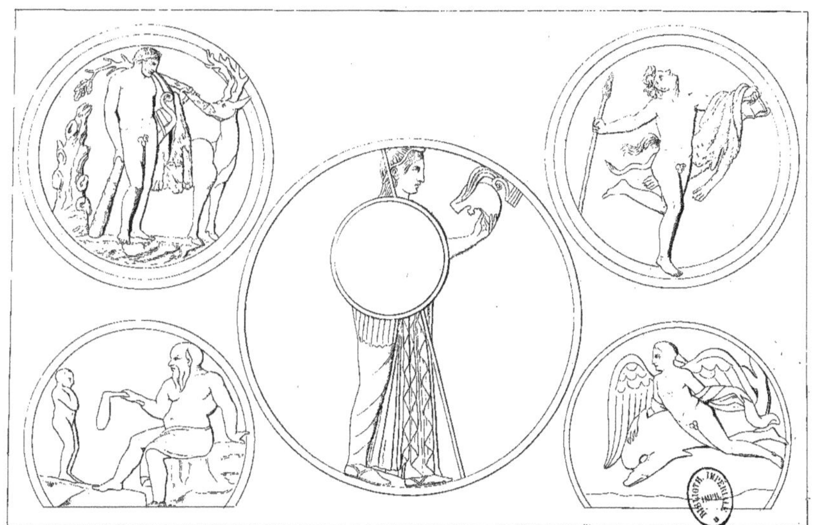

DISQVES DE MARBRE

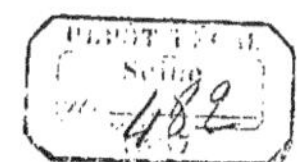

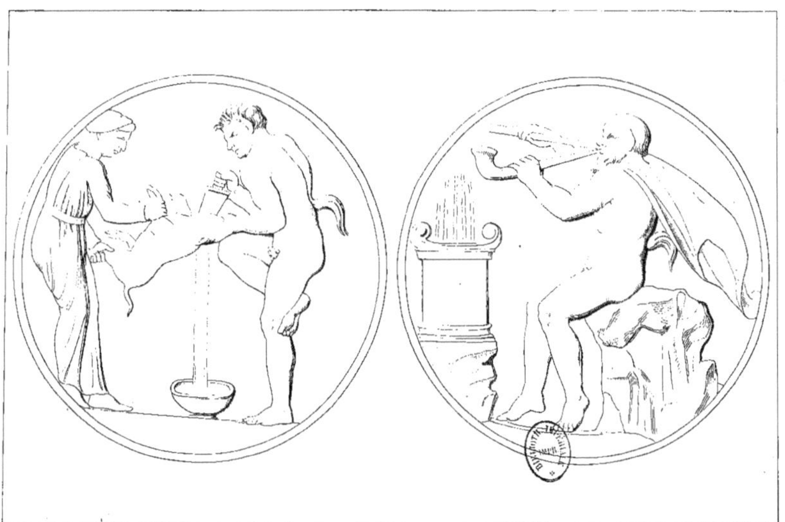

DISQVES DE MARBRE

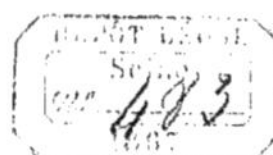

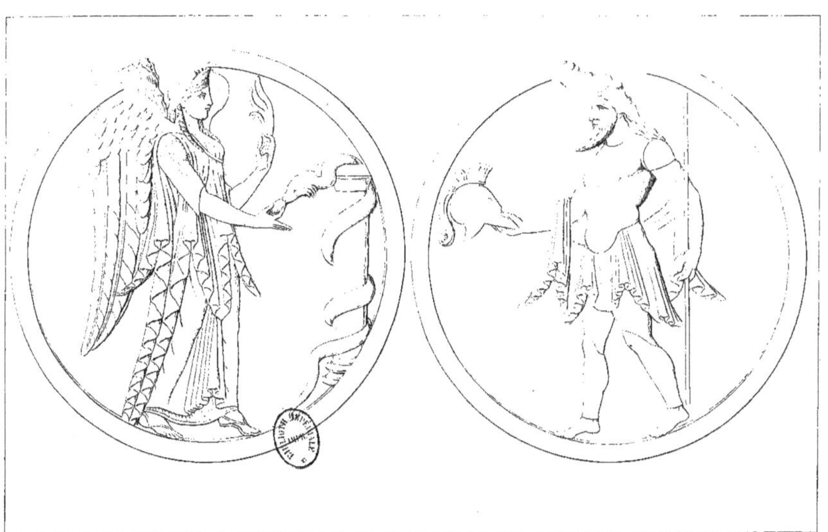

DISQVE DE MARBRE

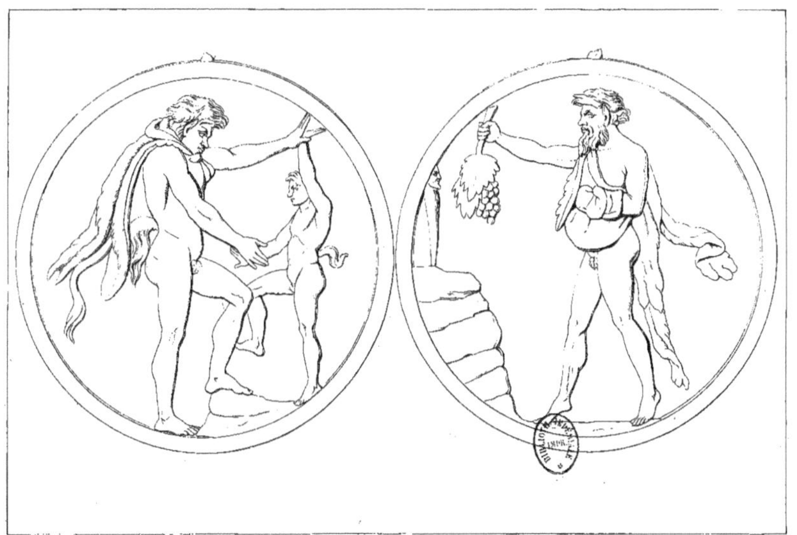

DISQVE DE MARBRE

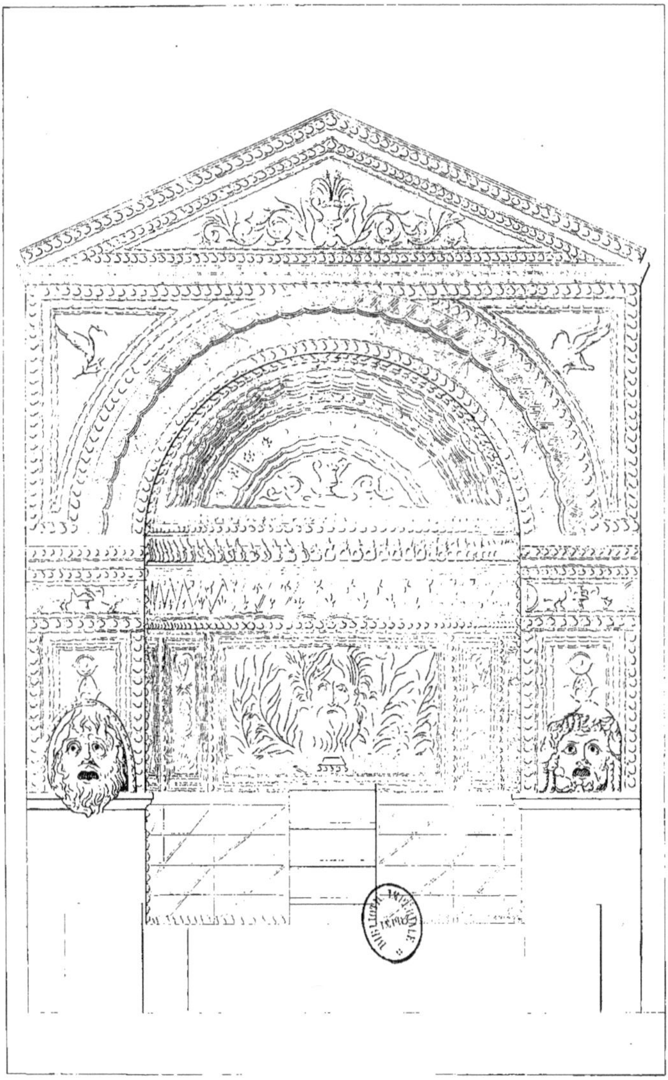

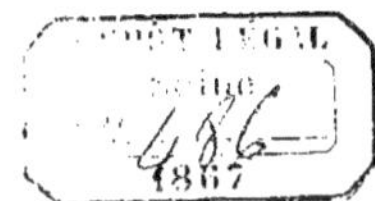

FONTAINE À POMPEÏ

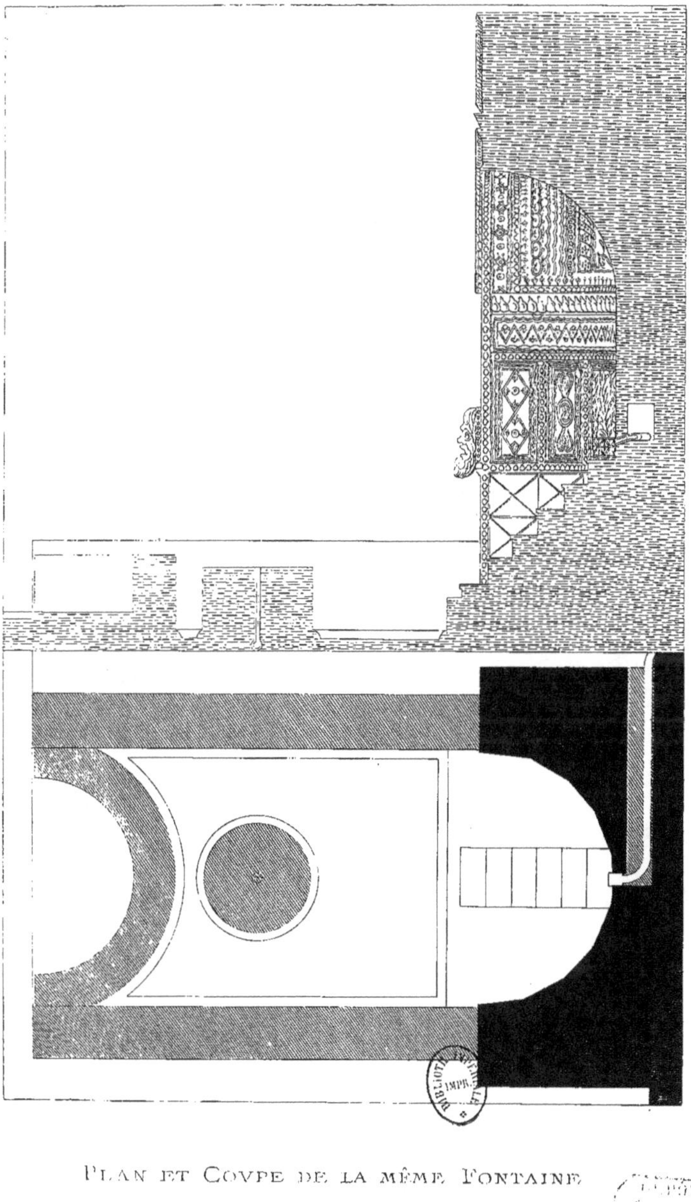

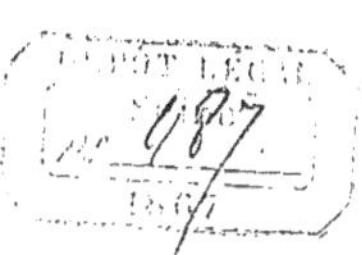

PLAN ET COUPE DE LA MÊME FONTAINE

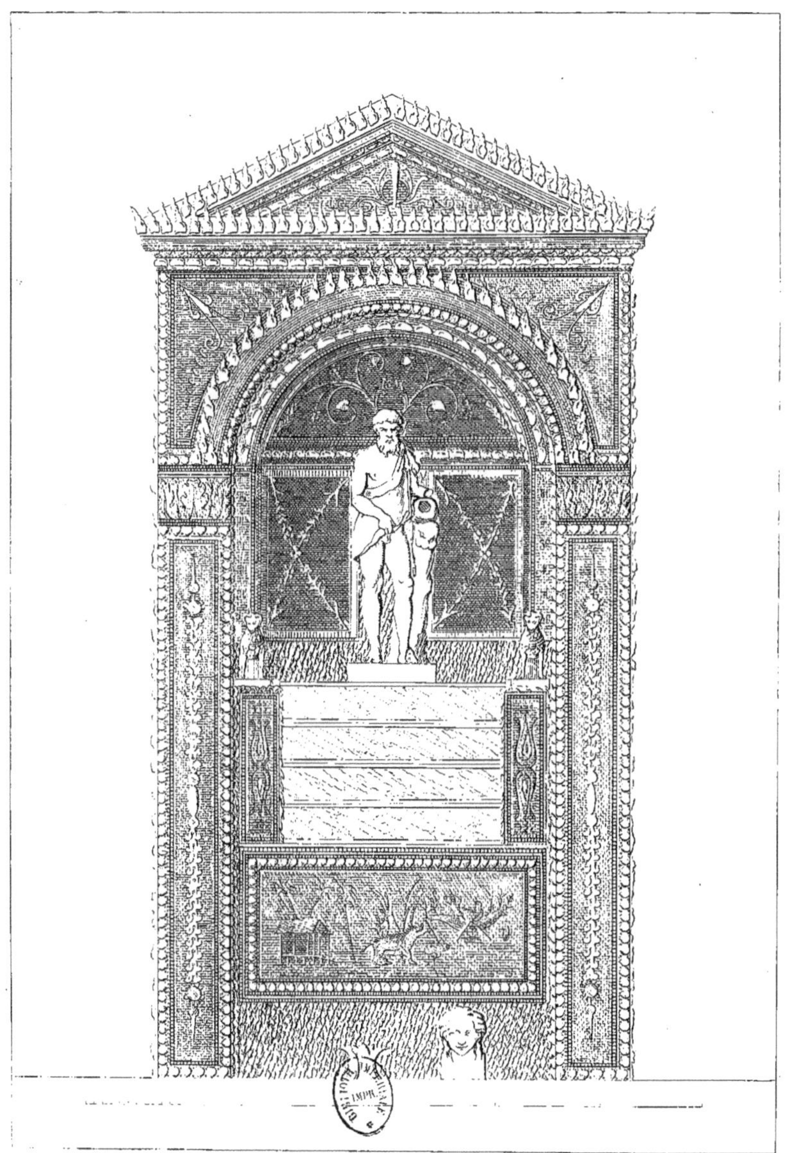

FONTAINE À POMPEI

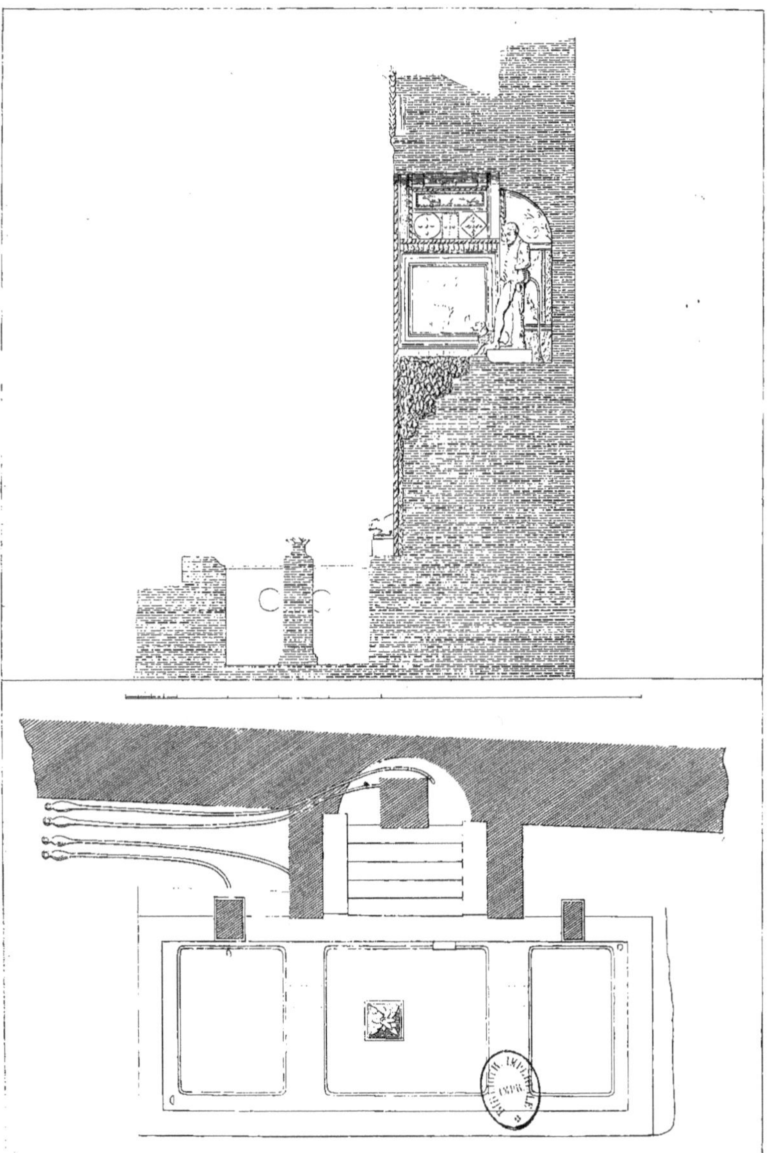

PLAN ET COVPE DE LA MÊME FONTAINE

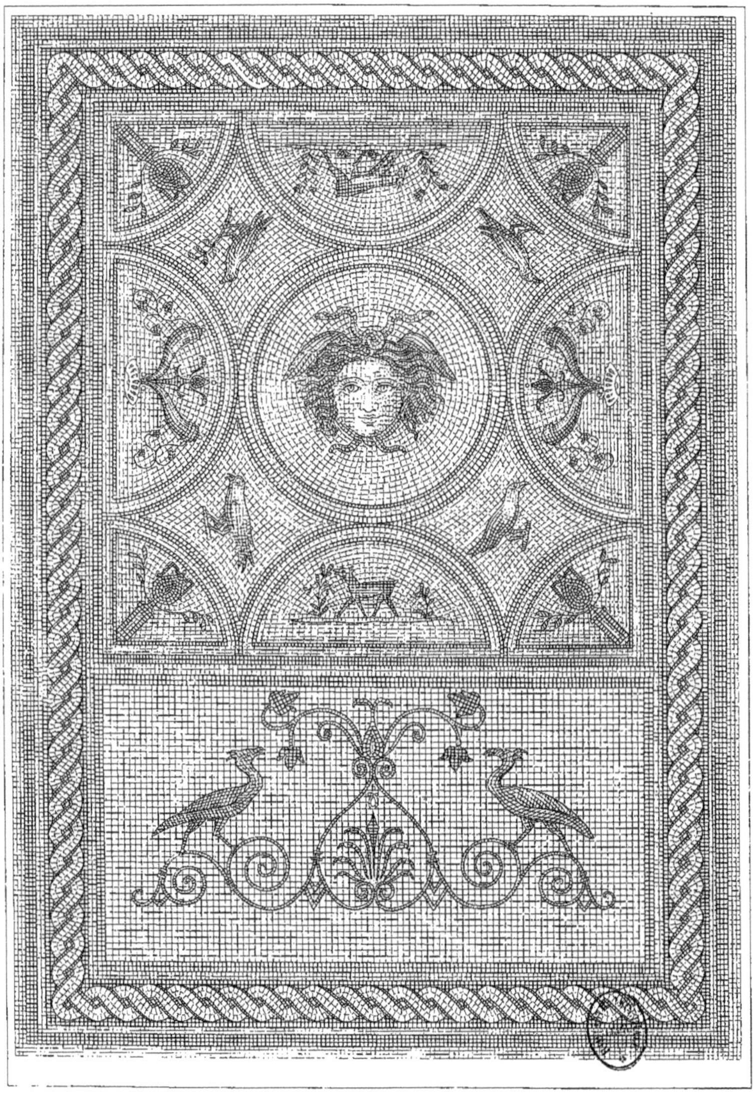

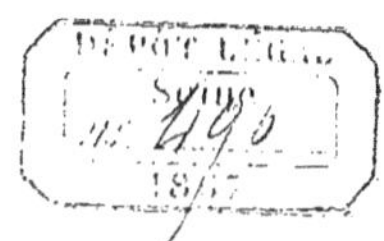

MOSAIQVE

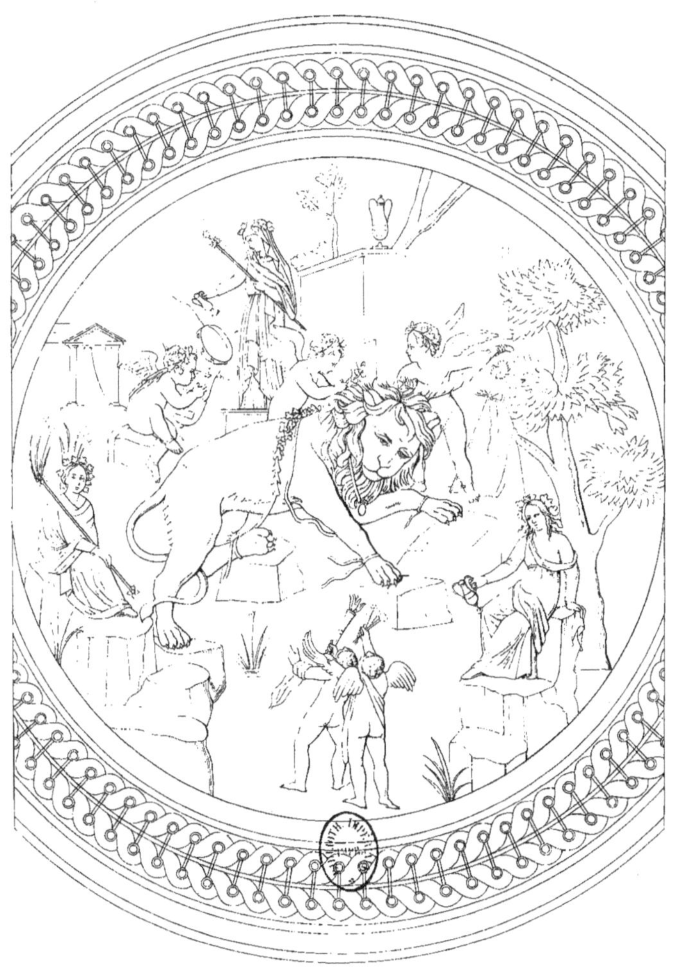

MOSAIQVE

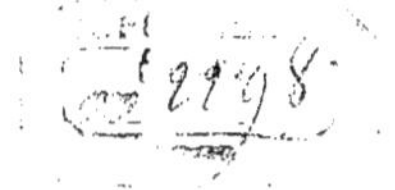

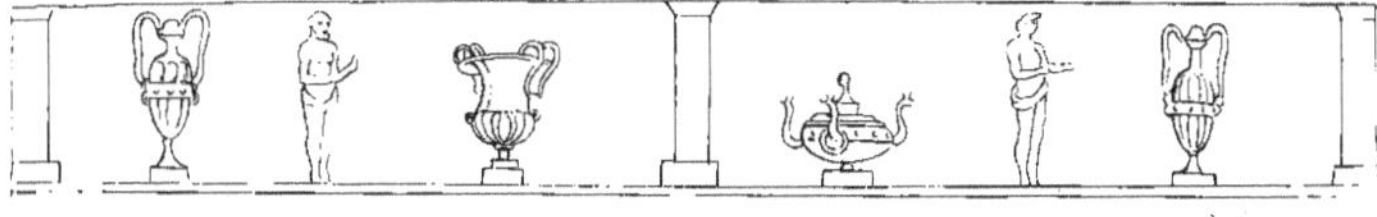

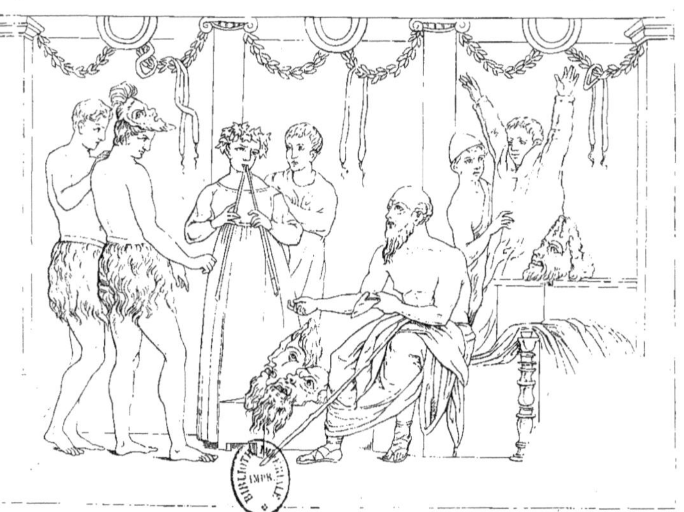

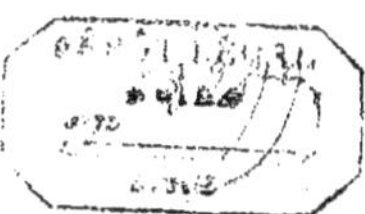

MOSAIQVE

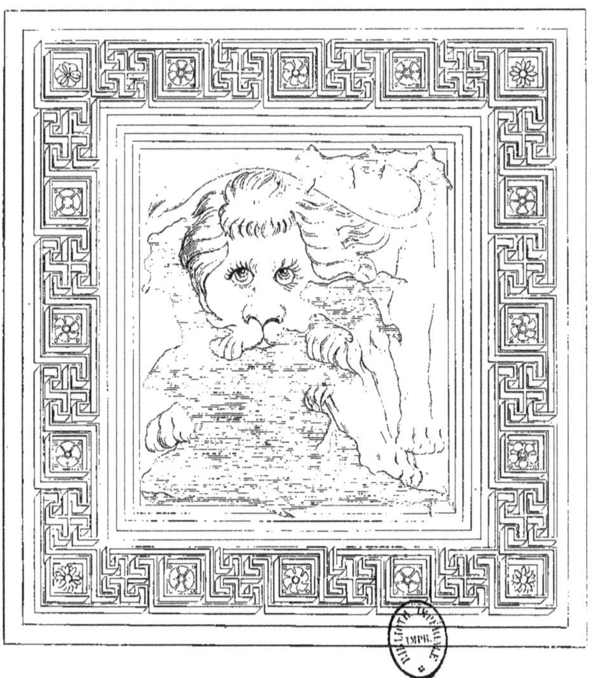

MOSAIQVE

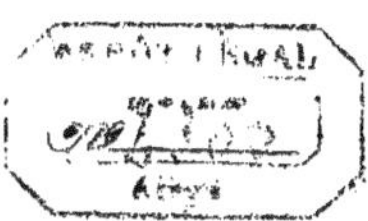

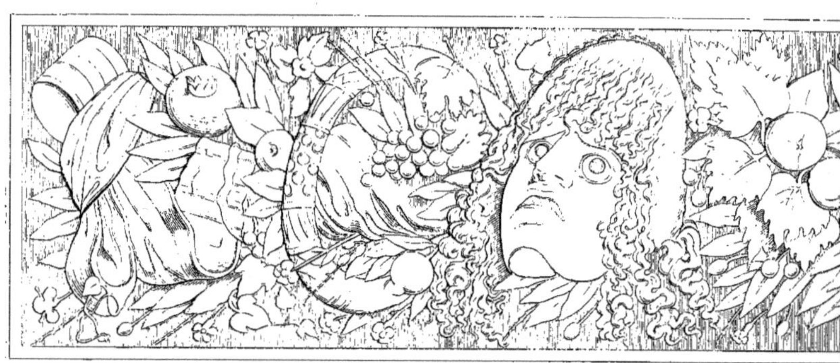

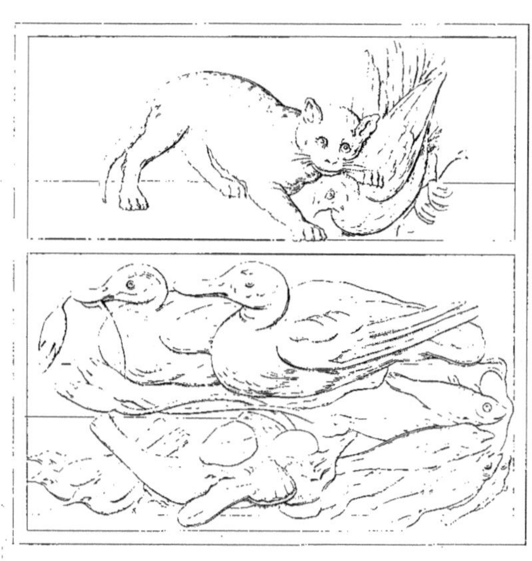

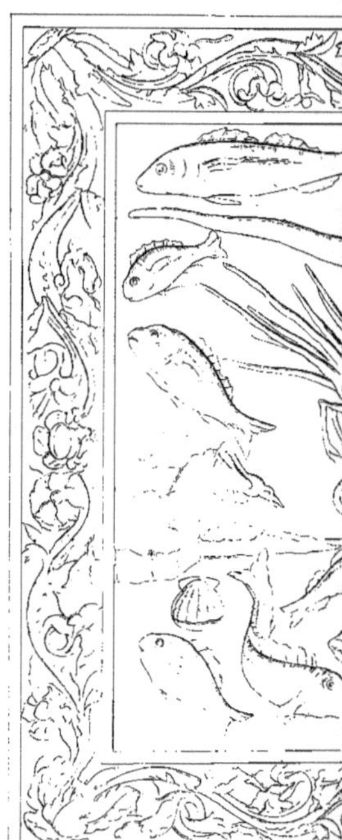

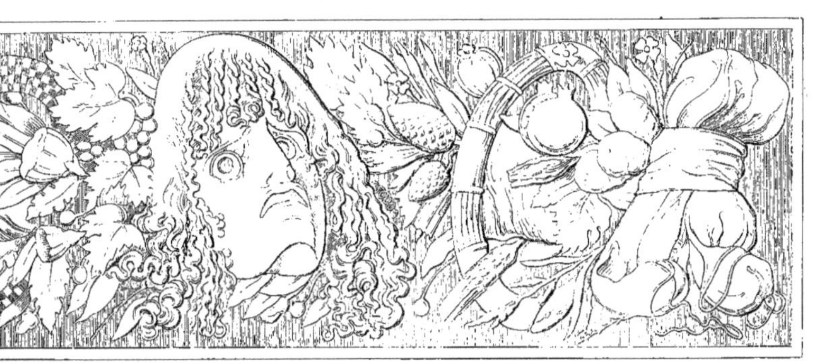

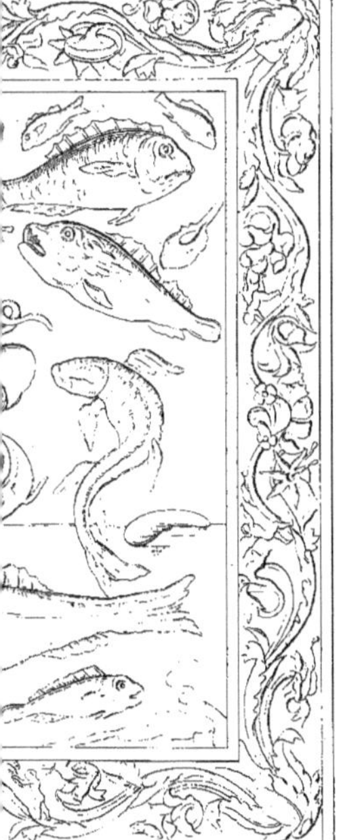

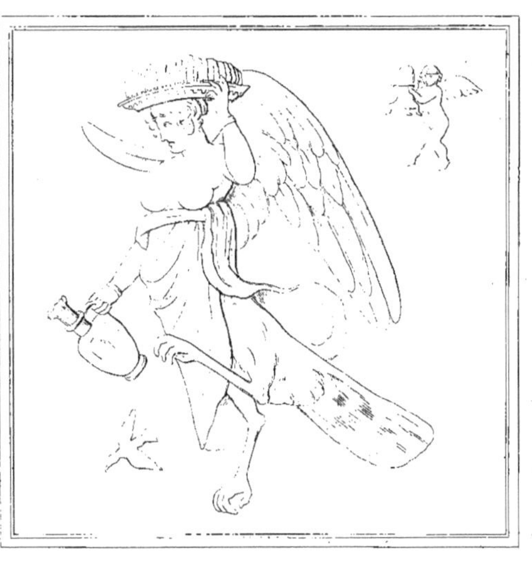

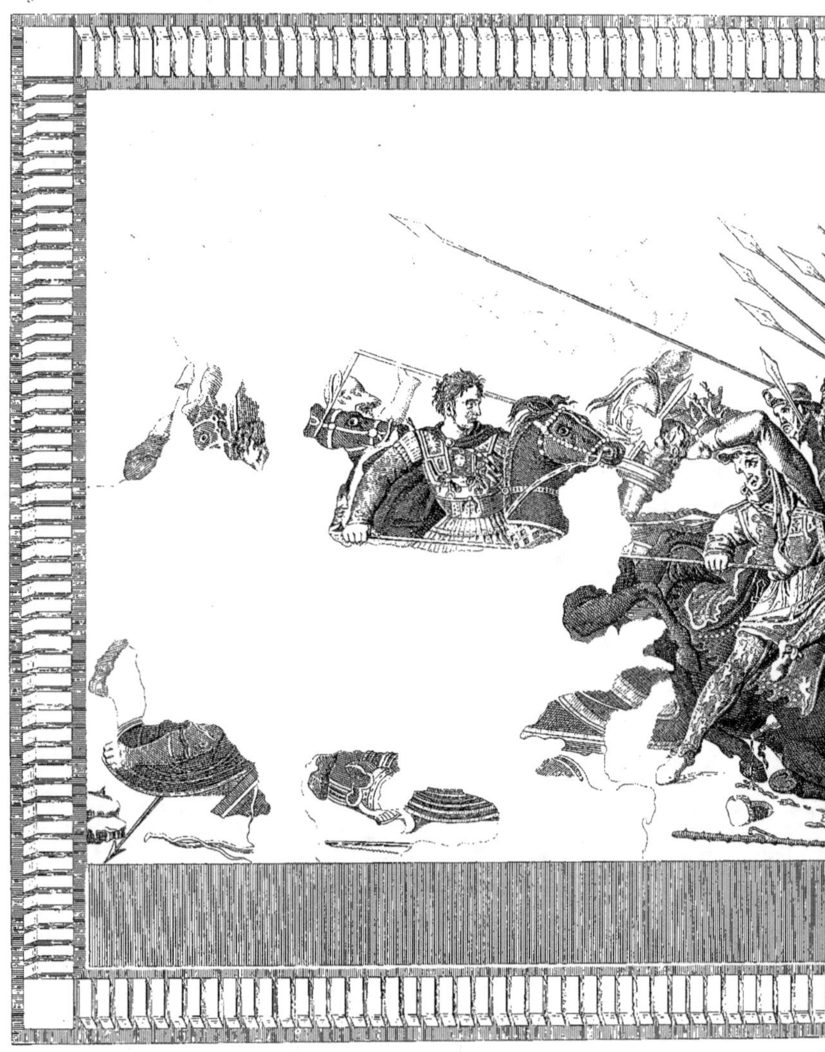

M

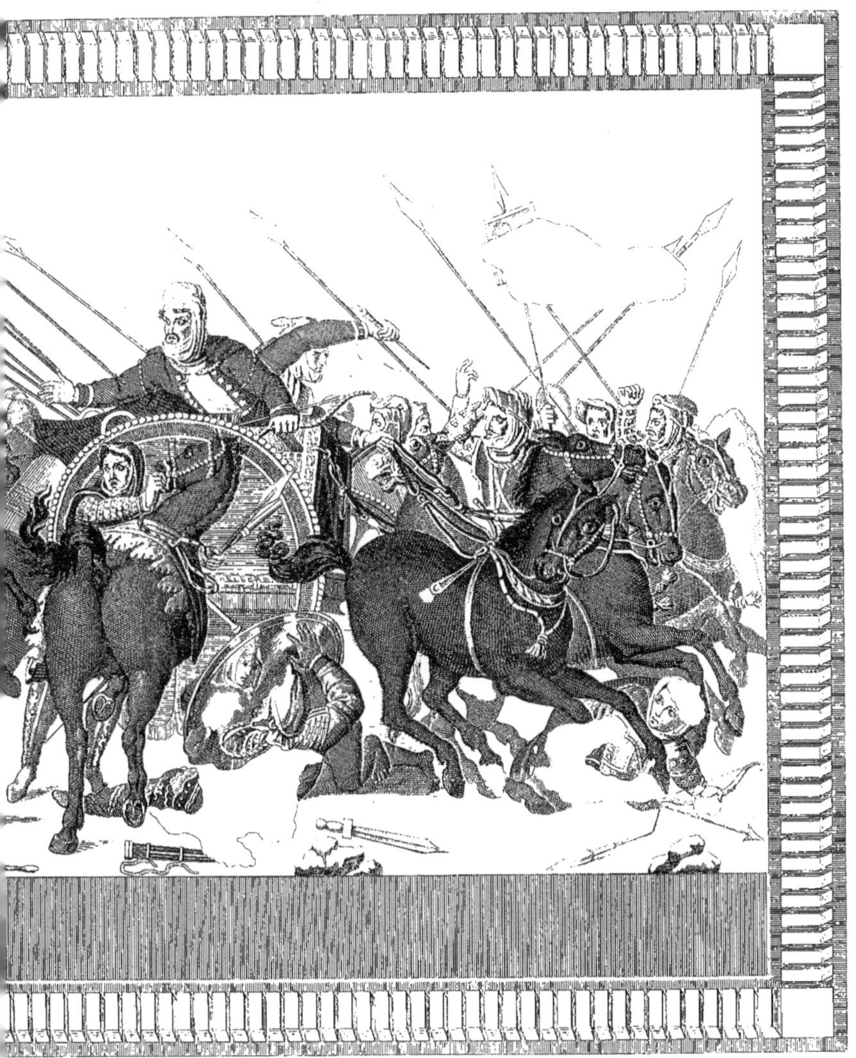

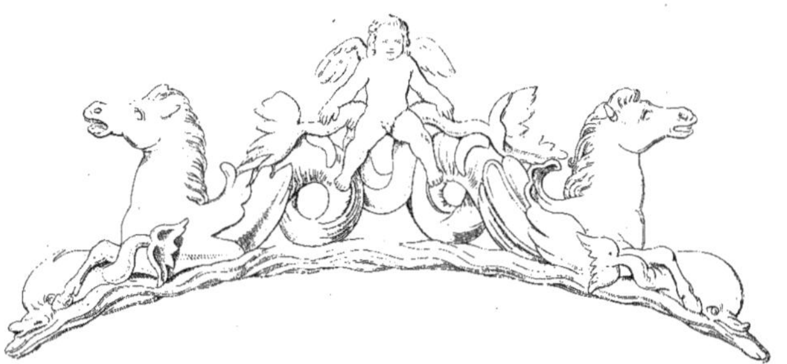

BRONZE

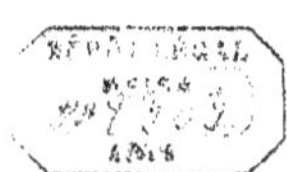

Imp. Lemercier. Paris.

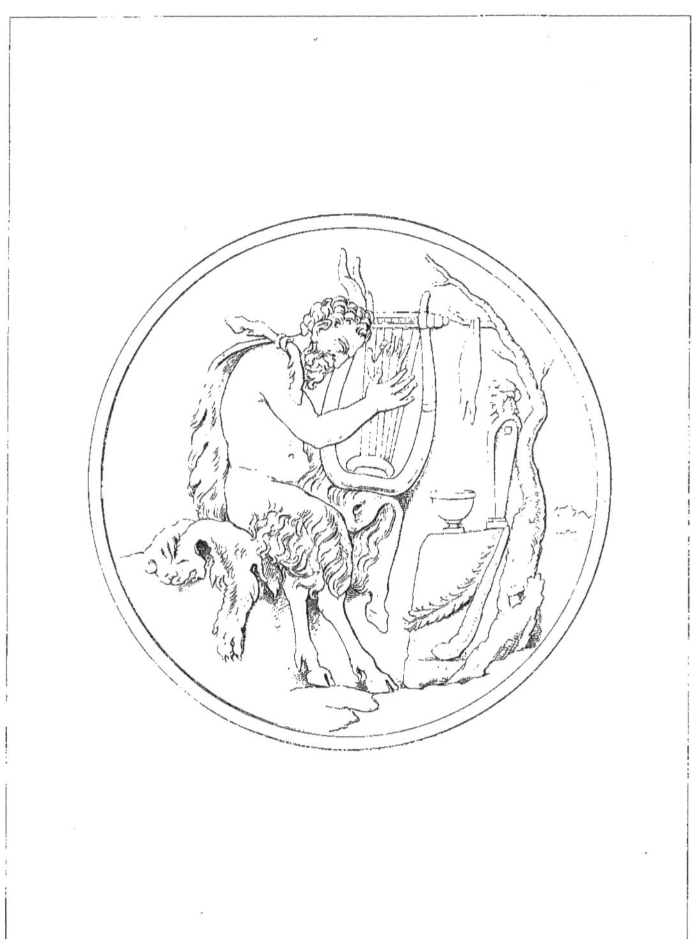

BRONZE

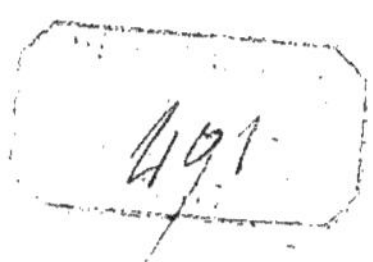

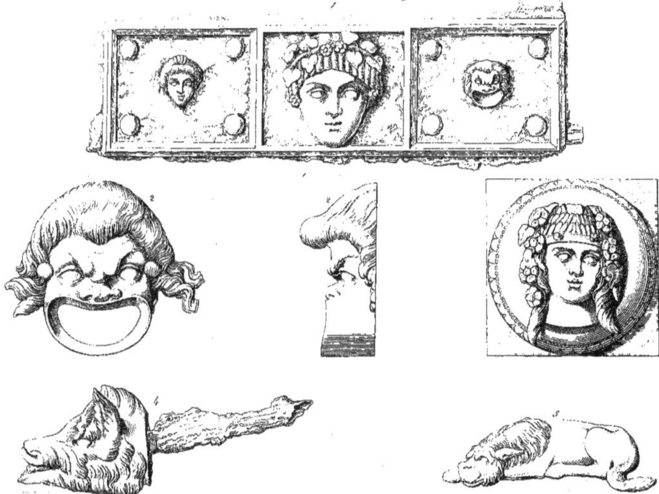

BRONZES

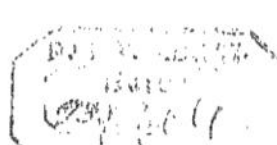

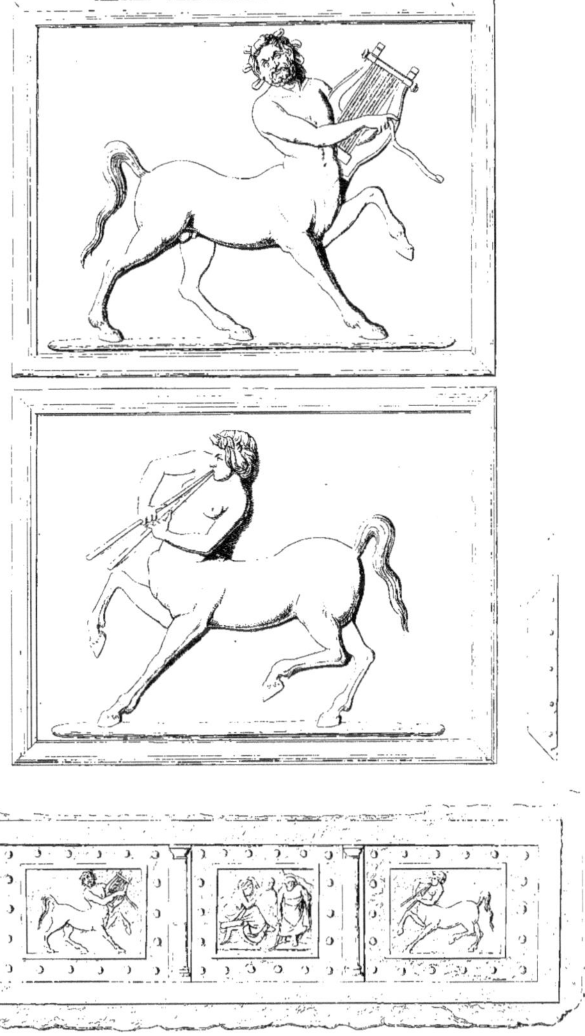

BRONZE

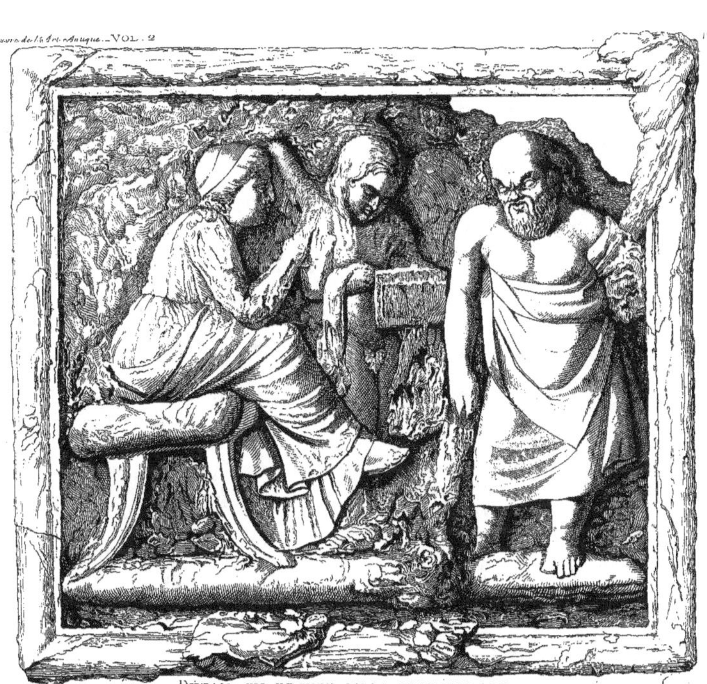

DÉTAIL DU BRONZE DE LA PLANCHE 107

Imp. Lemercier, Paris

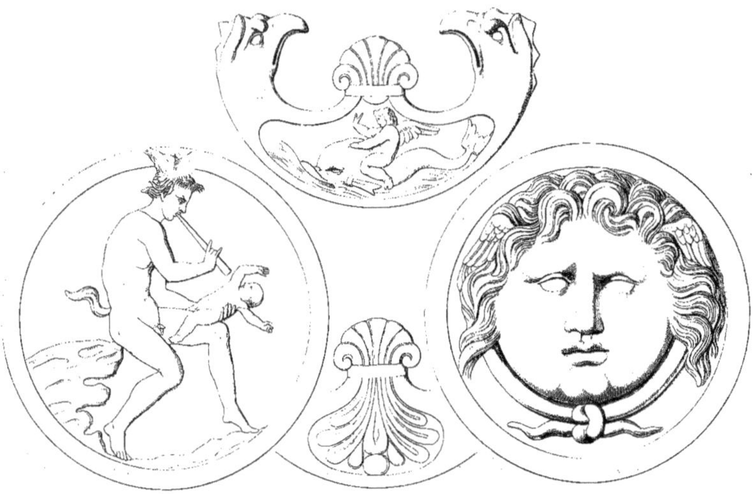

DISQVES EN MARBRE

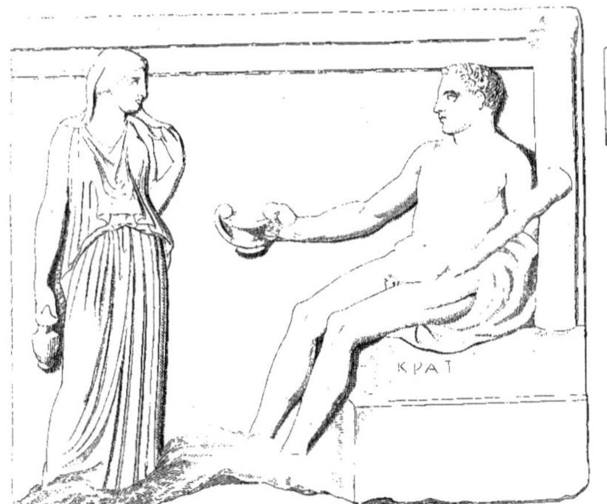

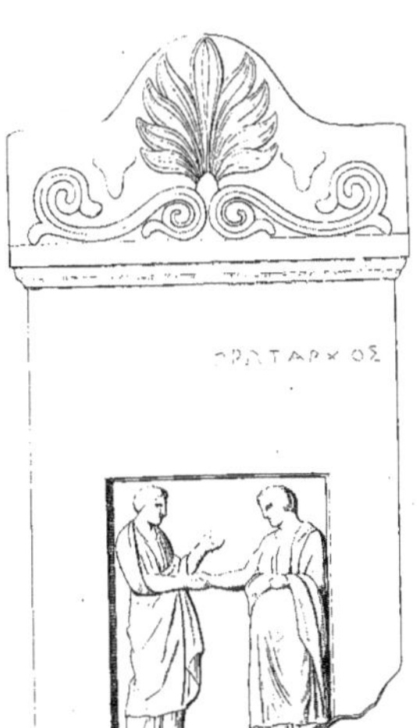

BAS-RELIEFS EN MARBRE

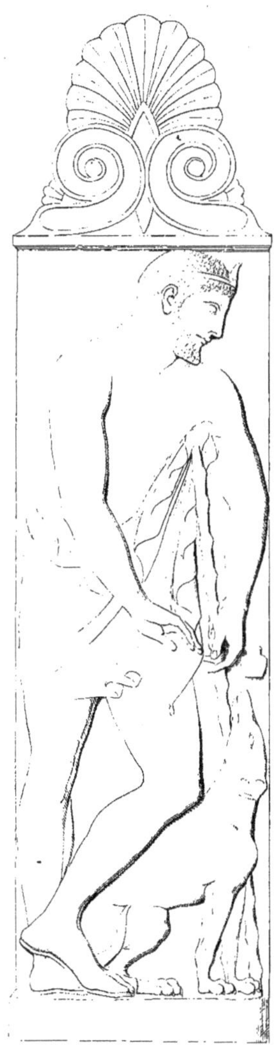

BAS-RELIEF

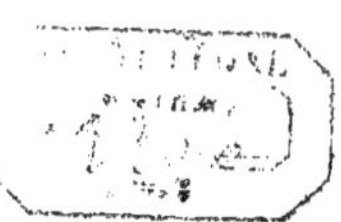